智媒时代

北京媒体深度融合研究

王斌◎著

人民日报出版社

北京

图书在版编目（CIP）数据

智媒时代北京媒体深度融合研究 / 王斌著.-- 北京:
人民日报出版社，2024.9. -- ISBN 978-7-5115-8479
-3

Ⅰ . G219.271

中国国家版本馆CIP数据核字第20242S38W9号

书　　　名：**智媒时代北京媒体深度融合研究**
　　　　　　ZHIMEI SHIDAI BEIJING MEITI SHENDU RONGHE YANJIU

著　　　者：王　斌

出 版 人：刘华新
责任编辑：梁雪云　葛　倩
封面设计：中尚图

出版发行：人民日报出版社
社　　　址：北京金台西路2号
邮政编码：100733
发行热线：（010）65369509　65369527　65369846　65369512
邮购热线：（010）65369530　65363527
编辑热线：（010）65369526　65363486
网　　　址：www.peopledailypress.com
经　　　销：新华书店
印　　　刷：三河市中晟雅豪印务有限公司
法律顾问：北京科宇律师事务所 010-83622312

开　　　本：710mm × 1000mm　1/16
字　　　数：185千字
印　　　张：13
版次印次：2024年9月第1版　2024年9月第1次印刷

书　　　号：ISBN 978-7-5115-8479-3
定　　　价：59.00元

本书出版受教育部人文社会科学重点研究基地
中国人民大学新闻与社会发展研究中心资助

CONTENTS 目录

导　言

随着人工智能、大数据、移动互联网等技术的发展，智媒时代已然到来。在这一背景下，媒体融合走向了深度融合阶段，媒体的转型升级进一步走向深化。一方面，传统媒体和新兴媒体都需要借助大数据、云计算、5G等先进技术，实现信息采集、生产和分发的个性化、多元化和智能化，进而满足用户的多样化需求；另一方面，智媒时代也要求媒体打破既有的组织边界和业务壁垒，促进各类媒体资源的交流整合、协作创新与全面共享，最终构建开放型、生态型的新型传播平台。

从党的十八届三中全会到党的二十大报告，媒体融合不断进入党和国家的顶层设计，媒体创新与社会发展的深度融合已成为治国理政的基本方略之一。北京市的媒体深度融合与首都城市治理现代化水平的提升密切相关。一方面，媒体融合所带来的技术革命和数据革命可以为首都的智慧化发展和社会治理能力的提升提供支撑；另一方面，媒体深度融合的目的在于实现首都的信息生态革新、提升首都的信息服务能力，并以此展现首都城市的文化魅力和精神风貌，为城市治理提供有力的价值引导和舆论支持。北京市媒体只有探索出相对独特的深度融合模式，才能让媒体的发展历程与首都特色的区位条件相匹配，让媒体的变革方向与首都城市建设的具体需求相适应。因此，为了助力首都城市发展和现代化建设，从媒体与城市治理的视角来考察北京市媒体深度融合的路径与模式是一项重要的研究课题。

在智能技术和社会治理双重变革下的媒体深度融合，既是媒体行业内部的内容、流程、用户、服务等要素的重新聚合过程，更是传媒业与社会生活诸方面进一步交互影响的进程。因此，本书的定位是以新型主流媒体建设和社会治理现代化为背景，以北京城市传媒生态系统为考察对象，剖析其在服务新时代思想文化建设和服务首都特大城市治理时开展融合创新的基本历程、主要路径、特色理念、发展战略等方面，为媒体深度融合与提升治理现代化水平提供深度个案。

基于以上分析，本书的研究思路如下：第一，首先探究智媒时代媒体融合的特征，进而重点分析智媒时代的平台传播与媒体用户这两个关键问题，以形成对媒体深度融合问题的总体理解和立体看法；第二，带着以上理论观点，深入剖析主要市属媒体在智媒时代的深度融合路径和历程，并在这些路径的基础上总结出北京市整体的、具有首都特色的媒体深度融合模式；第三，结合首都媒体的具体发展情况，提出智媒时代首都媒体深度融合的总体战略和具体策略。

本书的探索价值体现在以下三个方面。

第一，分析框架的完备性。本书力求贴近当前媒体融合现实，在回顾首都媒体融合发展历程的基础上，从智媒时代媒体深度融合的新特征，智媒时代的平台传播与媒体用户，智媒时代北京媒体深度融合的路径、模式、战略、趋势等六个方面，由时代背景的解析到具体现象的描摹再到模式与战略的概括，相对全面而立体地展现了北京媒体深度融合的发展历程、运行现状与未来方向。本书的分析框架融合了媒体融合进程中的政治逻辑、传播逻辑、技术逻辑、商业逻辑，试图兼顾实践性与学理性。

第二，资料收集的系统性。（1）收集了相对完备的国内外关于媒体融合的学术文献与调研报告，并对既有研究进行了认真学习。（2）掌握了北京市媒体深度融合相关的大量内容素材，涵盖了首都媒体在不同阶段的融合实践案例与产品，并对其进行了历时性的系统分析。（3）调研走访了北京市属的主流媒体，就北京日报、新京报、北京青年报、北京电视台以及北京市区县融媒体中心的发展战略、模式、成就、困境等主题与工作人员进行座谈，掌握了较丰富的第一手资料。（4）调研了字节跳动、腾讯等互联网公司，对公司的整体发展战略、对新闻业务方面的定位与未来发展方向、对新兴技术在互联网产品中的应用等不同层次的问题展开座谈交流。

第三，研究内容的情境性与可拓展性。从党的十八届三中全会首次提出媒体融合发展重大任务，到"十四五"规划建议中明确提出推进媒体深度融合，再到2020年9月中共中央办公厅、国务院办公厅印发《关于加快推进媒体深度融合发展的意见》，媒体融合在国家政策层面被反复提及。北京市也多次强调要推进媒体深度融合，力图开辟出一条媒体深度融合的北京路径。因此，本书充分结合北京市城市发展特点与媒体发展规律，对首都媒体在深度融合进程中的模式、战略与具体任务提出了层次化的、系列化的对策建议。这不仅对于数字北京建设具有较强的现实针对性，而且为媒体融合助力城市与区域发展这一普遍命题提供了可供参考的分析思路与系统化的解决方案。

第一章　智媒时代媒体深度融合
的新特征新变化

2014年8月18日,《关于推动传统媒体和新兴媒体融合发展的指导意见》颁布,我国媒体融合拉开序幕。2020年9月,中共中央办公厅、国务院办公厅联合印发的《关于加快推进媒体深度融合发展的意见》意味着媒体融合驶入快车道,向着纵深发展。党的二十大报告对新时代新征程的宣传思想文化工作、新闻舆论工作更是提出了明确的具体要求,强调要建设具有强大凝聚力和引领力的社会主义意识形态;加强全媒体传播体系建设,塑造主流舆论新格局。从2014年至2024年,媒体融合作为国家战略整体推进10年,媒体通过拥抱技术变革赋能社会治理,在推进实现国家治理能力现代化中发挥了重要作用。在智媒技术和时代要求的双重影响下,媒体融合也由此呈现出新的特征。

本章梳理了学界业界对于智媒传播的主要认识,归纳了当前关于媒体平台建设、媒体技术运用、媒体服务开展等方面的学术文献,从平台、技术、服务构成媒体融合生态的三个核心方面分析当前智媒传播格局。一是构建不同媒体间"资源通融、内容兼融、宣传互融、利益共融"的聚合平台;二是在"内容为王"基本准则的基础上融入强烈的技术色彩;三是将智能传播应用于发展政务服务、促进城市治理和建设。这些对于智媒时代媒体深度融合新特征的提炼是本研究展开的重要背景。

媒体融合的目标在于拓展传播渠道、丰富传播手段、聚拢传播受众、提升传播效率和效果，增强主流媒体新闻舆论的传播力、引导力、影响力和公信力。在这一过程中，关键的问题是如何在平台层面创新管理机制、优化资源配置、激发工作活力，如何在用户层面实现媒体表达方式与内容质量匹配用户需求和媒介使用习惯。因此，为了全面理解和把握智媒时代媒体深度融合所面临的传播业态、传播规律、传播效果等层面的新变化，本章重点对智媒时代的平台传播和媒体用户进行了拓展分析。

第一节　智媒时代媒体深度融合的新特征

所谓智媒，即反映了媒介形态在技术层面移动化、智能化、数据化的趋势。智媒时代的来临既为媒体深度融合提供必要的技术支撑，也要求媒体深度融合遵循特定的技术逻辑。在这样的背景下，智媒时代媒体深度融合的新特征主要表现在以下方面。

一、融媒平台建设升级

一般来说，融媒平台是指以云计算、大数据等现代信息技术为基础，意在实现不同媒体间"资源通融、内容兼融、宣传互融、利益共融"的聚合平台。在我国，传统主流媒体所担负的社会角色，决定了它必须掌握舆论的主导权才能发挥自身的功能。[①]因此，互联网时代，中国的传统媒体机构须通过媒体融合，构建起自己的基于互联网连接的融媒平台。

智媒时代最主要的特征就是打破了媒介形态的界限，将不同的媒体形式融合呈现在一个平台上。[②]当前的融媒平台在运行过程中呈现出三大特征。一是技术架构上以大数据、云平台等技术为支撑。这为主流媒体深度连接用户，实现媒体聚合信息分发、社会服务和资源共享等功能提供了基础保障。二是

---

① 宋建武、彭洋：《媒体的进化：基于互联网连接的平台型媒体》，《新闻与写作》2016年第8期。
② 史安斌、王沛楠：《智媒时代传统主流媒体的品牌重塑》，《电视研究》2018年第7期。

业务流程上构成了"一次采集、多种产品、多媒体传播"的工作格局。融媒平台实现了对音视频及稿件的采集、收录、策划、编辑、审核、分发等业务流程的整合。三是发展路径上创设了"一体两翼"的融合发展策略。即以内容为主体，以自建平台和对接平台为融合发展的两翼，走出了一条"内容+平台"的融合创新之路。[①]

但主流媒体当前仍以购买搭建技术和他者建设平台为主，要想实现主流媒体深度融合的根本目标，即建立以内容建设为根本、以先进技术为支撑、以创新管理为保障的全媒体传播体系，还需继续打造自主可控的媒体平台。在数字技术应用持续深入的背景下，主流媒体将继续提升平台建设能力，升级融媒平台架构。

二、内容技术双核驱动

主流媒体深度融合需强调社会舆论引导和意识形态责任落实到位的目标，其中内容建设依旧是实现上述目标的核心和根本所在。在"内容为王"基本准则的基础上，当下的内容建设被赋予了强烈的技术色彩，并呈现以下三方面的特征。

一是场景化思维。移动传播的本质是基于场景的服务，即对场景（情境）的感知及信息（服务）适配[②]，技术的赋能使媒体能够快速生产适配与受众需求相适应的内容或服务，"学习""工作""出行"等具体场景，都可能成为新的内容整合结构。

二是精准化分发。区别于传统的单一信息采集和生产模式，媒体融合通过云平台等技术实现资源聚合，从而打通各媒体间的内容资源壁垒，实现媒体联动。在内容分发上，通过对用户的媒体内容偏好数据的收集，优化算法推荐，实现融媒内容的精准分发。

三是多元化呈现。在融合式新闻生产这种新的生产关系下，产品形态变

---

① 谭天：《媒体融合的发展、认识、创新与攻坚》，《媒体融合新观察》2021 年第 4 期。
② 彭兰：《场景：移动时代媒体的新要素》，《新闻记者》2015 年第 3 期。

革尤为突出。传统形式的内容产品与大数据、云计算、VR、AR等人工智能技术结合，使内容的传播不再只是文字、图片或视频的形式，如VR新闻、微视频、直播、数据新闻等形式也被广泛应用，内容生产的交互性得到增强，内容分发的传播效果也得到提升。

三、智能服务深入拓展

智能服务强调媒体以"智慧媒体+智慧政务+智慧城市运营（智慧行业服务）"为路径，助力国家治理体系和治理能力现代化。[1]智媒时代下，"服务制胜"成为融媒平台建设的另一准则，媒体融合功能建设拓展至"新闻+政务服务商务"等实践层面，整合旅游出行、生活服务、教育医疗、政务服务、金融服务、公共事业等多项核心资源，满足市民数字化生活新需求。智媒时代要求在媒体融合中发挥媒体在国家和城市治理现代化中的作用，让媒体创造出更多有价值的"新闻+"场景。[2]

具体而言，政务方面，主流媒体借助数字技术建构政务服务功能，为民众提供政务办理、申诉入口，同时收集用户数据，助力政府决策的制定与推进。服务方面，主流媒体依托数字技术应用，聚合民生服务功能，汇聚本地新闻、交通、旅游、娱乐、教育、医疗等服务。此外，在大数据、人工智能等技术的支撑下，数据分析、舆情监测等同样成为媒体融合的开拓方向。商务方面，主流媒体利用自身公信力和资源优势，结合智媒技术，打造电商、直播、文旅、教育等运营板块，增强造血能力。

---

[1] 郭全中：《"大融合"思路与打造自主可控平台——以南方＋客户端为例》，《新闻战线》2023年第4期。
[2] 中国新闻出版广电报：《联组会上，新闻出版界别委员发言建议了啥？》，2023年3月10日，http://www.zgjx.cn/2023-03/10/c_1310702211.htm，2023年11月20日。

第二节　智媒时代平台传播的新变化

一、平台传播与媒介化社会

近年来，随着社会的移动化、数字化转型加速，互联网平台逐渐成为组织和架构社会几乎所有领域的方式，人们借助多样的平台工作、生活是媒介化社会中十分突出的现实图景，也是主流媒体转型的重要背景。媒介化社会是一个全部社会生活、社会事件和社会关系都可以在媒介上展露的社会，媒介渗透到社会的方方面面。

1. 平台与平台社会

美国互联网巨头是最典型的平台公司。以谷歌（Google）为代表的搜索平台，以脸书（Facebook）、推特（Twitter）为代表的社交平台，以亚马逊（Amazon）为代表的消费平台都在各自领域具有垄断性的优势。在中国，以百度为代表的搜索平台，以微信、微博为代表的社交平台，以淘宝为代表的消费平台也在对应领域发挥着不可替代的作用。此外，字节跳动旗下的以抖音（Tiktok）为代表的短视频平台在世界范围内掀起了视频化生存的浪潮。

越来越多的行业都在平台化的过程中进一步关联起来，几乎所有的平台都越发依赖一些相似的机制。这些互联网平台具备以下几个方面的特征：其一是关系网络的多元化，在平台上注册的组织和个人构成了错综复杂的关系网络。其二是信息的数据化，互联网公司具有将平台的许多方面尤其是用户与内容数据化的能力，这些数据也成为商业公司掌握并借以变现的资源。其三是内容调配的个性化，互联网公司通过算法将内容、服务与广告精准推送给特定用户，通过发掘和培养兴趣引导用户停留，形成了强有力的用户黏性。

荷兰学者范·迪克在《平台社会：连接世界中的公共价值》一书中，系统性地论述了平台和平台社会的概念。平台是一种可编程的数字体系结构，包括基础平台和分布于各行各业的垂直平台，能够多层次地组织起公共机构、企业及个人用户之间的交互。[①]在线平台日渐发挥着基础设施的作用，通过系统化的数据过程加以组织，促进了用户与互补者之间的个性化互动。[②]近年来，互联网平台不仅成为政府、市场创新者和用户的联结交汇点，更进一步发展成为当下社会一种重要的基础设施（infrastructure）和社会操作系统。[③]

2. 平台与传媒业

平台的运转有赖于其上的各边参与者相互交往产生的数据和中介价值，而媒体本就是社会信息的中枢与传播活动的中介。在这个意义上，平台与传媒业先天具有强烈的关联。互联网平台的崛起，对传统媒体造成了直接的冲击，使得传媒行业也呈现出了崭新的样貌。

从内容生产和分发的角度，互联网平台在便利了新闻用户消费新闻的同时，对新闻机构造成了巨大影响。一方面，世界各地新闻行业的生产、分发与商业化等环节都越发依赖某些基础性互联网平台提供的功能，新闻从业者的独立性和新闻报道的全面性都受到平台可供性的制约；另一方面，平台占据了传播流量的大头，引发了传统媒体的渠道失灵、用户流失、数据失守、影响力衰退、新闻业与从业者的合法性被挑战等诸多问题。[④]传统媒体失去了对传播的掌控权，转变为单纯的新闻生产者，新闻选择的权力被牢牢把控在平台媒体的手中。[⑤]

① 席志武、李辉：《平台化社会重建公共价值的可能与可为——兼评〈平台社会：连接世界中的公共价值〉》，《国际新闻界》2021年第6期。
② 胡泳：《平台化社会与精英的黄昏》，《新闻战线》2018年第21期。
③ 苏涛、彭兰：《虚实混融、人机互动及平台社会趋势下的人与媒介——2021年新媒体研究综述》，《国际新闻界》2022年第1期。
④ 苏涛、彭兰：《虚实混融、人机互动及平台社会趋势下的人与媒介——2021年新媒体研究综述》，《国际新闻界》2022年第1期。
⑤ 白红义：《重构传播的权力：平台新闻业的崛起、挑战与省思》，《南京社会科学》2018年第2期。

由此引发的探讨普遍认为，面向未来的媒体转型发展的主流模式应该是与互联网逻辑相吻合的"平台型媒体"。[①]平台型媒体是用互联网思维和平台思维引导媒体转型的举措，其以互联网用户和数据为核心，意在使媒体自建平台成为既拥有媒体的专业编辑权威性又拥有面向用户平台所特有开放性的数字内容实体。不同于"中央厨房"等媒体内部新闻加工平台自我革新的概念，平台型媒体将用户视为重要的参与者。不过，如今的主流媒体在向互联网平台靠拢的过程中，如何更好地定位自身的航向与坐标，依然是一个值得深思的话题。

二、商业平台和媒体自建平台的区别

在平台社会，媒介活动和社会交往都需要基于平台开展。主流媒体正处在平台化转型的关键阶段，借鉴商业平台的成功经验激发传媒业的聚合优势，能够为媒体的融合发展带来推动作用。然而，商业平台和媒体自建平台也有显著的差异，二者不能生搬硬套、混为一谈。

1. 互联网平台的优势

在当下社会环境中，平台媒体化与媒体平台化的趋势共存，主流媒体与互联网平台的竞争和合作进入新阶段。与新闻领域相关的互联网平台多指向"生态级互联网商业平台"，这类平台是民营企业在互联网上运营的海量用户平台，既能支持新闻等公共性信息分发，又能提供通信、社交、电商、本地服务等多种社会功能。[②]

互联网平台通过去中间化的设计，获得了竞争中的价格优势。平台对产业链和价值链进行了扁平化设计，去掉了从生产者到消费者冗余的中间环节。这种设计使得商品或服务可以直达用户，是一种高效、直接的商业模式，大

---

① 喻国明：《"平台型媒体"的缘起、理论与操作关键》，《中国人民大学学报》2015年第6期。

② 宋建武、林洁洁：《遵循新兴媒体发展规律推动媒体融合向纵深发展》，《传媒观察》2019年第4期。

大提升了信息分发与服务提供的效率。商业领域越来越多的活动倾向于在线上、在平台上进行，反映出生产者与用户双方对平台模式效率的认可。

互联网平台通过对复杂功能的集成，给予用户更多的选择。如今，单一功用的客户端并不多见，用户更乐意在较少的客户端中获得尽可能多的效用。越多可能性的平台对用户的吸引力越大，流量变现的能力也会越强。除此之外，平台功能扩张的边际效益递减规律并不明显，在一定范围内的功能扩充可以提升平台的竞争力，故而小众的个性化需求，也可以被纳入平台的经营范围。

2. 媒体自建平台的重要性

相比于已经日臻成熟的商业平台，传统主流媒体的自建平台普遍起步较晚，技术力量相对薄弱，缺乏专业人才和资本加持。[①]从内容生产的角度，大部分传统媒体客户端基于本单位生产内容制作，部分产品从形式到内容都比较传统，其信息发布的时效和单向输出模式难以持续产生广泛影响力。从用户生态的角度，用户评论、跟帖等互动性内容少，难以形成双向、多向交流，与用户提供内容的传播生态距离较远，这也制约了传统媒体客户端提供海量内容。

主流媒体建设自主可控的平台，能够搭建起与其他传播主体间的稳定链接。一个运转良好、内容丰富的客户端，能让传统媒体之间、传统媒体与商业平台之间、传统媒体与自媒体之间的链接更加稳定顺畅，成为主流媒体与互联网上其他专业用户对接的权威渠道，增强潜在合作的持久性和稳定性。而这种效果，是媒体在商业平台上的账号无法实现的。

主流媒体建设自主可控的平台，还有助于增强媒体的用户黏性。在平台时代，即使媒体在商业平台上的账号内容可以充分触达海量阅听者，也没有办法将他们完全沉淀为自己的用户。能否建立、建立怎样的客户端是检验媒

---

① 王然：《传统媒体自主可控平台的突围——以北京日报客户端实践为例》，《新闻战线》
2023 年第 2 期。

体机构在移动传播时代内容生产能力、技术能力、运维能力的标尺，品质过硬的自有客户端有非常显著的品牌示范效果和吸引力。

三、媒体自建平台建设的方向

《中国新媒体研究报告2021》调研显示，探索建立以新闻端口为基础，综合政务、服务、商务资源，服务国家治理的多功能生态级平台，逐渐成为主流媒体深度融合发展的共识，以"新闻+政务服务商务"为特色的主流媒体平台运营与生态建构已经初步成形。[①]未来，北京地区不同能级的媒体平台可以朝培养用户生态、强化政务服务功能、开发泛生活领域内容等方向用力，进一步激发媒体自建平台的活力，并扩大其影响力。

1.培养用户生态

近几年，平台成为年轻人获取信息的主要渠道，是他们日常生活工作中必不可少的组成部分，平台型媒体对老年人群的渗透度也越来越高。用户规模和用户使用率，已经成为主流媒体平台建设发展的关键。[②]培养良好的用户生态，需要充分发挥技术的可能性，提振用户的社交意愿。

技术工具和技术功能是平台建立与用户连接的关键。目前，中央级的主流媒体建设起来的平台，均具有较为雄厚的资金和技术支持，在核心技术上很容易实现独立自主。这类平台的技术主要集中于内容层面，覆盖内容的生产、发布等核心环节。北京市级的主流媒体平台虽然影响力稍逊一筹，但是具备首都本地更为下沉的地域优势和政策优势。在做好一般意义内容服务的同时，可以收购新技术公司或者和新技术公司合作建设"云平台"，以资源技术优势代理平台开发，与区县级融媒体合作，从底层架构上打通信息枢纽。

积极的用户生态需要良好的社交热度。平台上的内容在多大程度上能够

---

① 杨丽萍、曾祥敏：《激活造血机能：媒体生态平台构建的现实困境与突破》，《青年记者》2022年第10期。

② 赵子忠、廖文瑞：《连接——主流媒体平台化建设的关键路径》，《新闻战线》2023年第4期。

通过用户传播实现再生产、再传播，是检验用户生态的重要标准。北京市级的主流媒体平台应当建设社交产品团队，将对内容是否有足够社交属性的考虑纳入内容生产设计的全过程。既可以在报道新闻的过程中有意识地制造热点话题，引发用户讨论；也可以在日常运营的过程中开发主题明确的垂类数字社区，满足城市居民的日常需求。此外，北京市级的主流媒体平台可以紧抓短视频风口，提供用户能够自主拍摄、剪辑、上传短视频的技术平台，对剪辑工具进行迭代升级与功能优化，通过技术赋能吸引用户参与。

2. 强化政务和服务功能

主流媒体平台要不断强化联通党政民意的政务功能与多元便民入口的服务功能。政务功能以政务为核心，结合地方特色拓展政务服务、社会治理的功能，为用户提供与各个层级和类型的政务部门连接的渠道。服务功能不仅向内容生产者提供服务，还向用户提供更多生活方面的服务，覆盖广阔的生活场景。

北京市级的主流媒体平台要成为连接政府机构、社会组织与市民大众的平台，强化基层治理和政务服务的功能。在全国范围内的媒体融合实践中，不少广电传媒都将"问政"作为核心定位，打造了官民联通的政务生态。移动客户端与电视节目的联动，可以形成一批以地方问政为主题的垂直栏目。媒体可以邀请市属政府部门入驻，直接为用户提供问政的窗口，使用户可以通过各种方式提出生活中的问题。政务部门和用户在平台上关于报料的问答与互动，也能够为媒体提供新闻素材，形成良性循环的政务型生态。

北京市级的主流媒体平台要探索具有北京地方特色的服务方向，突出服务功能的地位。媒体可以在自建平台中设置专门的服务端口，提供公共交通、费用收缴、旅游查询等基本的便民生活服务。除此之外，媒体可以更进一步打通政务发布、商业服务和公益活动之间的壁垒，扮演组织者、推广者等多样化的角色。

3.开发泛生活领域内容

"泛知识""泛生活"类型的内容是目前互联网平台的竞争焦点。近些年，抖音、快手、B站等视频平台都曾通过发布流量扶持计划、竞争创作者资源、打造专属泛知识内容分区等方式开展相关领域的布局。"泛知识""泛生活"类内容没有明显的主题局限。从知识科普、行业讯息到美妆技巧、生活常识，这些内容直接切中当下互联网用户的诉求，具备一定的信息增量，给沉浸于媒介生态的用户一定的获得感与正向价值。它们与新闻类内容一道，构成了互联网平台的重要内容类型。

北京市级的主流媒体平台应当有意识地丰富内容体系，增加"泛知识""泛生活"等多元化内容，增强平台和用户的连接。从提升内容量的角度，可以通过转载合作平台内容、邀请创作人入驻的形式，维持较长一段时间内的内容增量。从培植内容特色的角度，可以借助媒体自身拥有的地域文化资源，打造主体化的内容生态。而媒体在平台上推送"泛知识""泛生活"类内容的同时，也应当允许用户根据自身需求和喜好进行标签化的主动搜索或挑选，提供精准、个性化的场景服务。

此外，"泛知识""泛生活"类的内容有助于媒体探索迭代和更新商业模式的可能。一些媒体已将优质内容视为自身的稀缺资源，开展内容付费的经营模式。"泛知识""泛生活"类的内容特别适合通过开辟课程栏目、设置付费墙等形式进行传播，有助于主流媒体尝试构建自己的会员付费模式，在生产传播新闻内容的基础上，基于自身优势延伸多元产业。尤其在短视频和直播盛行的当下，主流媒体可以试水内容基础上的广告营销和城市形象推介。然而，这些商业层面的可能性也对内容的质量提出要求，需要长远细致的规划。

第三节　智媒时代媒体用户的新变化

随着媒介生态的变革，用户获取新闻的方式与特点呈现出新的变化。用户作为新闻信息传输过程的最终接收端，其变化深刻影响着媒体深度融合的目标达成与效果实现，因而需要媒体在制定融合转型方案时予以格外关注。

一、智媒时代的用户结构

媒体深度融合时代，互联网基础建设全面覆盖，网民规模持续提升，用户数量稳步增加。中国互联网络信息中心（CNNIC）发布的第51次《中国互联网络发展状况统计报告》显示，截至2022年12月，我国网民规模达10.67亿人，较2021年12月增长3549万人，互联网普及率达75.6%；我国手机网民规模为10.65亿人，较2021年12月新增手机网民3636万人，网民中使用手机上网的比例为99.8%。[1]

第一，在性别结构方面，根据第51次《中国互联网络发展状况统计报告》，截至2022年12月，我国网民男女比例为51.4：48.6，这一比例与整体人口性别比例相一致。[2]

第二，在年龄结构方面，根据第51次《中国互联网络发展状况统计报告》，截至2022年12月，20～29岁、30～39岁、40～49岁、50岁及以上网民占比分别为14.2%、19.6%、16.7%、30.8%。[3]

[1] 中国互联网络信息中心：第51次《中国互联网络发展状况统计报告》，2023年3月2日，https://www.cnnic.net.cn/n4/2023/0303/c88-10757.html，2023年11月20日。

[2] 中国互联网络信息中心：第51次《中国互联网络发展状况统计报告》，2023年3月2日，https://www.cnnic.net.cn/n4/2023/0303/c88-10757.html，2023年11月20日。

[3] 中国互联网络信息中心：第51次《中国互联网络发展状况统计报告》，2023年3月2日，https://www.cnnic.net.cn/n4/2023/0303/c88-10757.html，2023年11月20日。

其中，包含未成年人在内的青少年群体的互联网普及率持续提升。2021年我国未成年人互联网普及率达96.8%，较2020年提升1.9个百分点。不过需要注意的是，虽然城乡未成年人互联网普及率基本拉平，但在互联网应用的深度与广度方面，城乡未成年人的应用水平仍存在较大差异——城镇未成年网民使用搜索引擎、社交网站、新闻、购物等社会属性较强的应用比例明显较高，而农村未成年网民则更偏好于使用短视频、动画或漫画等休闲娱乐应用。[1]整体来看，在新闻消费方面，包括未成年人在内的Z世代同时偏爱娱乐新闻（75.99%）和时政新闻（71.68%），他们在形式上关注短视频新闻与数据新闻，偏爱阅读压力小的浏览方式。[2]

此外，互联网进一步向中老年群体渗透，中老年人加速融入网络社会。数据显示，50岁及以上网民群体占比由2021年12月的26.8%提升至30.8%。[3]值得关注的是，网络新闻在中老年群体中尤其受到欢迎。根据第49次《中国互联网络发展状况统计报告》，即时通信、网络视频、互联网政务服务、网络新闻、网络支付是老年网民最常用的五类应用，使用率分别达90.6%、84.8%、80.8%、77.9%、70.6%，其中老年网民对网络新闻的使用率较网民整体高3.2个百分点，是唯一一个老年网民使用更多的应用类型，表现出老年网民追时事、追热点的特点。[4]中老年互联网使用率提升以及他们对网络新闻的关注，得益于近年来我国互联网应用适老化改造的持续推进，这也使得中老年群体的"数字鸿沟"得到了有效的弥合。

第三，在地域结构方面，我国农村网民数量持续提升，互联网在农村中普及，城乡互联网普及率差距进一步缩小。根据第51次《中国互联网络发展

---

[1] 中国互联网络信息中心：第49次《中国互联网络发展状况统计报告》，2022年2月25日，https://www.cnnic.net.cn/n4/2022/0401/c88-1131.html，2023年11月20日。

[2] 新京报传媒研究：《Z世代人群：关注数据新闻，偏爱阅读压力小的浏览方式》，2021年1月5日，https://www.sohu.com/a/442710760_257199，2023年11月20日。

[3] 中国互联网络信息中心：《第51次〈中国互联网络发展状况统计报告〉》，2023年3月2日，https://www.cnnic.net.cn/n4/2023/0303/c88-10757.html，2023年11月20日。

[4] 中国互联网络信息中心：第49次《中国互联网络发展状况统计报告》，2022年2月25日，https://www.cnnic.net.cn/n4/2022/0401/c88-1131.html，2023年11月20日。

状况统计报告》，截至2022年12月，我国城镇网民规模为7.59亿人，占网民整体的71.1%；农村网民规模为3.08亿人，较2021年12月增长2371万人，占网民整体的28.9%。我国城镇地区互联网普及率为83.1%，较2021年12月提升1.8个百分点；农村地区互联网普及率为61.9%，较2021年12月提升4.3个百分点，城乡地区互联网普及率差异较2021年12月缩小2.5个百分点。[①]

二、智媒时代的用户媒介使用

在媒体深度融合的背景下，多元化的信息获取渠道与多样化的新闻信息内容催生了用户的新型新闻消费模式。用户开始以自我需求为中心，根据渠道与平台类型、新闻信息特征搭建组合化的媒介使用模式与新闻消费模式。

1.媒介使用模式

随着各类互联网应用程序深度嵌入用户的日常生活中，用户开始根据自身需求个性化地使用各类媒介平台。根据对"全民媒介使用与媒介观调查"数据的分析，我国用户呈现出组合化的媒介使用特征，具体可以划分为工具型、社群型、游戏型、泛娱乐型、资讯型、短视频型、实惠型七个类别。[②]

一是工具型。工具型菜单中包含微信、淘宝、京东和支付宝这4个日常平均使用频率较高的客户端。工具型代表用户中女性多于男性，并且以30岁以上、本科以下学历、城镇居民居多。

二是社群型。社群型菜单的成分都具有社交属性，包括哔哩哔哩、全民K歌、微信、QQ。社群型菜单用户中女性较多，用户集中于00后和90后，平均学历最高，地理分布上以城镇为主。

三是游戏型。游戏型菜单包含王者荣耀和绝地求生等热门的手机游戏。游戏型菜单用户以城镇居民居多，该菜单是各类菜单中性别差异最大的，男

---

① 中国互联网络信息中心：第51次《中国互联网络发展状况统计报告》，2023年3月2日，https://www.cnnic.net.cn/n4/2023/0303/c88-10757.html，2023年11月20日。

② 喻国明、杨颖兮、曲慧：《移动互联网使用的七度划分——媒介菜单的视角》，《西安交通大学学报（社会科学版）》2020年第4期。

性用户显著多于女性，平均使用年龄最低，平均学历接近总样本平均水平。

四是泛娱乐型。泛娱乐型菜单的主要内容是基于同一平台、相互补充的娱乐产品，包含QQ、腾讯视频、QQ音乐等客户端。虽然它们在功能上不完全相同，但都属于基于腾讯平台的泛娱乐产品。泛娱乐型重度用户随年龄增长而减少，单身群体的泛娱乐型偏好显著高于已婚群体。

五是资讯型。资讯型菜单中的客户端均以信息产品为主，包括手机百度、腾讯新闻、今日头条。资讯型代表用户是各类菜单中最年长的，性别以男性为主，平均学历略低于样本平均水平，城乡分布接近总样本分布。

六是短视频型。短视频型菜单包括抖音和快手两大短视频客户端。短视频型代表用户的性别差异不大，用户呈现年轻化、农村化特征，对比其他菜单类型，本科以上学历者最少。

七是实惠型。实惠型菜单包括拼多多和趣头条，二者均属于主攻下沉市场的媒介。实惠型菜单中的用户女性多于男性，并且以30岁以上、本科以下学历、农村用户居多。

用户组合化的媒介使用方式对媒体深度融合的启示是，媒体需要充分利用并入驻各类社交媒体等平台，搭载于各类平台传播新闻内容，通过增强在日常生活中与用户的连接，提升新闻传播的效能。

2.新闻获取特点

当前，通过互联网获取新闻成为用户新闻消费的主要方式。数据显示，截至2022年12月，我国网络新闻用户规模达7.83亿人，较2021年12月增长1216万人，占网民整体的73.4%。[①]

在媒介渠道方面，用户主要通过手机浏览新闻，各类平台化的社交媒体是获取新闻的主要渠道。数据显示，79.4%的用户每天通过手机接收新闻，[②]微

---

① 中国互联网络信息中心：第51次《中国互联网络发展状况统计报告》，2023年3月2日，https://www.cnnic.net.cn/n4/2023/0303/c88-10757.html，2023年11月20日。

② 中国互联网络信息中心：第51次《中国互联网络发展状况统计报告》，2023年3月2日，https://www.cnnic.net.cn/n4/2023/0303/c88-10757.html，2023年11月20日。

信是各类客户端中的"寡头"终端,通过抖音等平台获取新闻的用户在持续上升。不同的平台和载体具有不同的传播特点和优势,如视频、音频、图文、直播等,用户可以根据自己的喜好和习惯选择不同的新闻接收终端。

在时间方面,用户浏览新闻的时间与日常生活节奏高度相关。有学者基于从搜狐新闻客户端的服务器日志中提取的用户行为数据发现新闻消费存在时间规律,可以归类为"早上活跃型""中午活跃型""晚间活跃型""全天型""下午活跃型""早晚双峰型""下班型"。[1]

需要注意的是,新冠疫情使用户新闻消费的习惯与特征发生了短暂的变化。每天通过微博、微信获得新闻的用户占比进一步上升,电视这一传统媒体的收视率也有较为明显的回升。[2]无论在何种媒介、何种平台上,主流媒体的新闻报道受到用户欢迎。这可以理解为,新冠疫情早期的互联网场域"众声喧哗",用户不仅身处疫情之下,更处于"信息疫情"之中。主流媒体凭借其官方背景与信息资源发布权威信息,获得了公众的信赖。

三、智媒时代的新闻消费分化

近年来,用户新闻消费的渠道与内容均存在分化的特征。用户多元化与个性化的新闻消费是媒体深度融合过程中提升传播效率需要充分考虑的基础性问题。

1. 新闻消费的渠道分化

随着移动互联网对人们日常生活嵌入程度的加深,传统媒体与新媒体的竞争已进入白热化状态。由于用户时间有限,各类媒介对个人可支配触媒时间的争夺不断升级。

首先,新闻接触渠道分化体现在传统媒体与新媒体之间。不可否认,当前传统媒体不断萎缩,报纸、电视、广播等逐渐失去了信息传播的主导地位

---

[1]　刘钰森、张伦、郑路:《移动媒体新闻消费时间模式研究》,《新闻大学》2019年第4期。
[2]　匡文波:《新冠疫情对用户新闻阅读习惯的影响》,《新闻与写作》2020年第12期。

和垄断优势。与此同时，社交媒体、移动新闻客户端成为公众新闻消费的普遍渠道。但需要注意的是，传统媒体仍然是特定群体消费新闻的固定方式，其仍然发挥着重要的提供新闻信息、建构公众认知、实现舆论引导的作用。

其次，随着各类客户端成为互联网基础设施，用户获取新闻信息的终端也趋于多元。典型的体现是，微信、微博、抖音、快手、哔哩哔哩等多样化的社交媒体都在同时争夺公众的注意力资源。微信和微博虽然仍是用户获取新闻的"寡头"终端，但是近年来，用户通过这两个"超级客户端"获取新闻的比例增幅降低，甚至存在用户流失的现象。与此同时，短视频与娱乐类社交媒体正在"瓜分"新闻消费市场。抖音、快手、小红书等应用逐渐从娱乐、生活、社交平台转变为具有新闻属性的信息平台，成为网民获取新闻信息的重要渠道。这也正是主流媒体积极入驻此类泛娱乐类平台的原因——主流媒体通过拓宽新闻分发渠道提升媒体影响力，提高用户接触新闻的可能性。

2. 新闻消费的内容分化

智媒时代，用户消费的新闻内容趋于分化，并且算法等新技术进一步放大了这一特征。

用户新闻消费的内容分化主要表现在硬新闻和软新闻之间。互联网环境下新闻的丰富性放大了公众的选择性新闻接触行为，用户可以根据个人偏好选择其阅读的新闻内容。对于关心软新闻的用户而言，各类短视频等泛娱乐化的平台为他们提供了海量的新闻内容，他们可以在不同的平台之间切换、漫游并沉浸其中。对于关心严肃新闻的用户而言，他们同样会主动选择自己感兴趣的内容，使自己阅读的新闻信息更为符合自己的认知基模。

在算法新闻推荐的影响下，用户新闻消费内容分化的现象进一步加剧。无论是今日头条、微信、微博，还是抖音、快手，它们展现新闻的方式与形态不同，却都具有相似的新闻分发方式，即利用算法推荐用户感兴趣的内容。这一新闻分化方式使用户新闻消费内容的分化越来越严重，使用户沉浸在自己感兴趣的内容之中，在一定程度上使回音壁效应与信息茧房效应更为严重。因此在媒体深度融合的过程中，媒体在利用新技术满足用户需求的同时，还应警惕新技术对于传播效率的折扣。

面对用户新闻消费分化的特点，媒体要适应时代变化，通过满足不同层次、不同领域、不同群体的新闻信息需求，提升媒体的传播力、引导力、影响力、公信力，打造具有强大影响力和竞争力的新型主流媒体。

四、用户的媒介使用新变化

从传统媒体时代到智媒时代，媒体的运作方式发生变革。媒体不再仅是内容生产机构，还要自建或寻找传播渠道，将内容通过二次销售获得利润和进行持续的再生产。[①]其中，不管是内容生产还是传播，都体现了以用户为中心的策略与机制。内容生产一定程度上需要考虑用户兴趣爱好和情感偏向，传播渠道也是基于用户的日常社交和媒介使用行为。随着当下的新闻业进入大数据时代，不同类型的涉及数据使用的新闻实践和产品大量涌现，正在并将继续对当代新闻业产生重要影响。[②]在传统媒体时代，只有主动披露信息的用户才能得到关注从而进行有效反馈；而到了网络时代，从未积极进行意见表达的"围观者"也可以通过其行为数据被追踪到，让这部分"沉默"的群体不再"沉默"[③]，让所有用户数据都能成为可供分析并进而进行针对性服务的对象。因此，用户是智媒时代的重要主体，也是智媒时代媒体融合的中心服务对象。

智媒时代，用户的媒介使用情况呈现出新的变化。

第一，用户规模庞大，数字鸿沟缩小。截至2022年12月，我国网民规模达10.67亿人，较2021年12月增长3549万人，互联网普及率达75.6%。[④]我国互

---

① 胡翼青、李璟：《"第四堵墙"：媒介化视角下的传统媒体媒介融合进程》，《新闻界》2020年第4期。

② 白红义：《大数据时代的新闻学：计算新闻的概念、内涵、意义和实践》，《南京社会科学》2017年第6期。

③ 巢乃鹏、吴兴桐、黄文森等：《计算传播学研究现状与前沿议题》，《全球传媒学刊》2022年第9期。

④ 中国互联网络信息中心：第51次《中国互联网络发展状况统计报告》，2023年3月3日，https://cnnic.cn/n4/2023/0302/c199-10755.html，2023年11月20日。

联网基础设施建设不断加速，数字适老化及信息无障碍服务持续完善，推动我国网民规模稳步增长。5G建设和普及不断深化，数字适老化及信息无障碍服务持续推进，不断贴近老年人和残障人士的应用需求，帮助特殊群体共享信息化成果，让智能生活有温度、无障碍。

第二，内容接触与功能使用多元化。第50次《中国互联网络发展状况统计报告》数据显示，即时通信、网络视频（含短视频）、网络支付、网络购物四大互联网应用拥有最大的用户规模，用户规模均超过8亿人，且相比2021年呈上升趋势。[1]用户对互联网的熟悉程度和熟练程度提升，对社交媒体、视频软件和支付平台有较强的使用能力。

第三，重视基本社交与生活需求。从表1中可以发现，用户的互联网应用使用主要集中在以社交关系为基础的即时通信领域，以及基于便捷生活需求的网络支付与购物领域，此外还有基于娱乐与体验的视频、短视频应用。可见，用户的互联网接触是有其明确目的性的：联络亲属朋友、便捷生活购物、进行娱乐消遣。

表1　用户的互联网应用使用情况[2]

应用	2021.12 用户规模（万人）	2021.12 网民使用率（%）	2022.12 用户规模（万人）	2022.12 网民使用率（%）	增长率（%）
即时通信	100666	97.5	103807	97.2	3.1
网络视频（含短视频）	97471	94.5	103057	96.5	5.7
短视频	93415	90.5	101185	94.8	8.3
网络支付	90363	87.6	91144	85.4	0.9
网络购物	84210	81.6	84529	79.2	0.4
网络新闻	77109	74.7	78325	73.4	1.6
网络音乐	72946	70.7	68420	64.1	−6.2
网络直播	70337	68.2	75065	70.3	6.7

[1]　中国互联网络信息中心：第50次《中国互联网络发展状况统计报告》，2022年8月31日，https://cnnic.cn/n4/2023/0302/c199-10755.html，2022年8月31日。
[2]　中国互联网络信息中心：第51次《中国互联网络发展状况统计报告》，2023年3月3日，https://cnnic.cn/n4/2023/0302/c199-10755.html，2023年11月20日。

续表

应用	2021.12 用户规模 （万人）	2021.12 网民使用率 （%）	2022.12 用户规模 （万人）	2022.12 网民使用率 （%）	增长率（%）
网络游戏	55354	53.6	52168	48.9	-5.8
网络文学	50159	48.6	49233	46.1	-1.8
网上外卖	54416	52.7	52116	48.8	-4.2
线上办公	46884	45.4	53962	50.6	15.1
网约车	45261	43.9	43708	40.9	-3.4
在线旅行预订	39710	38.5	42272	39.6	6.5
互联网医疗	29788	28.9	36254	34.0	21.7
线上健身	—	—	37990	35.6	—

五、北京市媒体用户的地域性特征

全国整体性的用户互联网使用情况一定程度上代表了北京市居民的用户使用情况。然而，相比全国的整体性概况，北京市居民的互联网使用也呈现出独特特征。若进一步将视角聚焦于北京市的媒介用户，分析北京市居民的社会心态和社会行动的整体特征，将会对北京市媒介用户进行更具体的、更有针对性的分析与了解，是北京市媒体深度融合战略更具有针对性和服务性的基础。

在社会心理方面，北京市居民的主观幸福感较高，但仍面临社会焦虑问题。其一，北京市居民生活满意度水平较高，积极情绪较高且消极情绪较低，居民心理健康平均分为67.94，处于中等偏上水平。2021年，北京市居民的主观幸福感处于中等偏上水平。在年龄方面，30～39岁居民的主观幸福感较低，50～59岁居民的主观幸福感较高；在婚姻状态方面，已婚居民的主观幸福感显著高于未婚居民；在户籍方面，京籍居民的主观幸福感显著高于非京籍居民；正式工作居民、离退休居民和学生的主观幸福感较高，临时工作和无业、失业或下岗居民的主观幸福感相对较低；主观幸福感随着月收入的增长而提高。综上，受人口统计学因素影响，中年、未婚居民、失业居民、低收入居民以及非京籍居民的主观幸福感相对较低。[①]其二，在社会焦虑层面，北京市居民的教育焦虑处于中等水平。"双减"政策实施后，居民的教育焦虑处于中等水平，与实施前相比有一定程度的下降。但是，北京市家长仍在不同程度上面临着教育焦虑。[②]重大公共卫生危机以及各种社会风险也导致居民的焦虑担忧情绪和社会心理危机。[③]针对用户的焦虑感，北京市的媒体融合建设可以通过丰富客户端、视频号等渠道开设新闻、体育、听书、情感类播客节目，对接多元用户需求，缓解社会压力、丰富生活体验、传递正向价值。

在社会参与方面，北京市居民自我认知的心理优势会促进社会参与。当前我国民众的总体社会参与和参与公共事务处于中等偏下水平，遵守社会规范处于中等偏上水平。值得注意的是，在以收入水平、职业层级、城乡划分、学历层次和工作类型为标准的类别划分上，被调查者更倾向于将自己类别化为弱势群体。在收入水平、职业层级、城乡划分、学历层次和工作类型上认为自己是优势群体的个体，其总体的社会参与和参与公共事务频率要显著高于认为自己是弱势群体的个体。同时，认为自己在收入水平和职业层级上属于优势群体的个体，其遵守社会规范频率显著高于认为自己在这些方面属于弱势群体的个体。可见，在收入水平、职业层级、城乡划分、学历层次和工作类型划分上的心理优势，对于社会参与有显著促进作用。自我认知感等心理学因素也是居民心态与社会参与的重要影响因素，居民自我认知的心理优势对于社会参与有显著促进作用。[④]可见，基于我国民众倾向于低估自己群体

---

① 杨智辉、陈晓岩、曹伊婧：《北京市居民主观幸福感调查报告（2021）》，《北京社会心态蓝皮书：北京社会心态分析报告（2021—2022）》，北京：社会科学文献出版社，2022年。

② 杨智辉、陈晓岩、聂利楠等：《2021年北京市居民教育焦虑现状及其对"双减"政策的态度调查》，《北京社会心态蓝皮书：北京社会心态分析报告（2021—2022）》，北京：社会科学文献出版社，2022年。

③ 陈珊、赵一达：《北京市居民社会心理服务需求调查报告（2021）》，《北京社会心态蓝皮书：北京社会心态分析报告（2021—2022）》，北京：社会科学文献出版社，2022年。

④ 陈睿、陈满琪：《2019~2020年中国自我类别化对社会参与的影响》，《社会心态蓝皮书：中国社会心态研究报告（2021）》，北京：社会科学文献出版社，2021年。

属性与自我评价的认知习惯，若要提高其社会参与度，保证居民积极的自我类别化、正确认识其群体归属与所处社会阶层，是北京市媒体深度融合需要化解的重要问题。

在社会认同方面，北京市居民的国家认同感与民族自豪感整体较高。[①]一方面，北京市居民的国家认同感主要表现在身份意识、符号意识、民族自豪与家国情怀四方面。国家认同并非与生俱来，而是科学建构促生的结果。以往研究发现，与国家重大事件有关的多种题材的报道均有助于促进国家认同。东京奥运会期间，北京市居民通过微博评论传递了强烈的民族自豪感。另一方面，首都独特的区位优势要求更高质量的主流价值导向与意识形态指引，广泛践行社会主义核心价值观，持续开展党史、新中国史、改革开放史、社会主义发展史宣传教育。守好首都意识形态阵地，以中华传统文化与深厚历史培育民众的文化自信，提升文化认同感与民族归属感。在首都特色文化建设层面，媒体融合可以借鉴以往重大事件、热点事件的报道经验，发挥"双奥之城"的独特优势，通过多方力量宣传教育，传播主流意识形态，促使居民的国家认同感和民族自豪感得到提升。

在社会关系方面，非北京市民的强烈融入意愿为城市新发展注入积极力量。北京市作为国家的大型经济文化中心，吸引大量外来人口涌入，这部分外来人口是北京人口构成的重要部分，充足且多元的流动人口也是未来城市保持增长活力与创新的动力来源。[②]因此，北京市的流动人口是评估首都政府工作情况的重要指标，也是城市发展的重要力量源泉。研究发现，在地域划分上属于弱势群体的个体，其捐款捐物和帮助陌生人的频率更高；绿色出行、

---

① 吴宝沛、李秋怡、赵心涵：《北京市居民国家认同感现状分析（2021）》，《北京社会心态蓝皮书：北京社会心态分析报告（2021—2022）》，北京：社会科学文献出版社，2022年。

② 党云晓、湛东升、谌丽等：《城市更新过程中流动人口居住－就业变动的协同机制研究——以北京为例》，《地理研究》2021年第2期。

垃圾分类的频率更高；其遵守交通规则、乘车排队的频率更高。[①]在地域划分上，认为自己属于外地人的个体，在融入意愿的作用下[②]，其总体社会参与和参与公共事务高于认为自己是当地人的个体。北京市的媒体融合可以通过内容与服务吸引有地域融入意愿的非北京市民，保障其以积极的社会心态与社会参与融合北京生活，提高生活满意度与幸福感。一方面，在媒体内容供给上，营造积极和谐的社区氛围以及增强和睦友善的居民互动，让非本地居民感受到社区的归属感；另一方面，在生活服务上，针对本地化需求对接产品与服务，发挥媒体电商作用，居民足不出户即可获得需求适配、价格合适、配送便捷的商品，完善特殊情况下的商品供应应急机制。

① 陈睿、陈满琪：《2019~2020年中国自我类别化对社会参与的影响》，《社会心态蓝皮书：中国社会心态研究报告（2021）》，北京：社会科学文献出版社，2021年。
② 杨菊华、张莹、陈志光：《北京市流动人口身份认同研究——基于不同代际、户籍及地区的比较》，《人口与经济》2013年第3期。

第二章 智媒时代北京媒体的
深度融合路径

在智媒时代，媒体融合进入"深融"阶段，国家和社会各界对于主流媒体在新形势下提升传播效能提出了更高的要求，也促使各媒体机构对资源整合的路径做出更精确、更务实的设计，媒体需要理性审视自身既有发展经验、树立适合自身条件的融合目标。

北京市新闻媒体界在全国的媒体阵营中长期以来处于业务发展的领先地位，主要媒体拥有各自独特的发展历史和差异化的媒体融合资源。面对深度融合进程中的不同挑战，首都地区媒体分别探索出了符合自身特点和发展目标的转型创新路径。本研究对首都媒体中的重点个案进行了全面、系统、类型化的解析。

第一节 北京日报报业集团：以首善之区特色内容
打造全国性影响力

自2014年媒体融合上升为国家发展战略以来，习近平总书记在"8·19"讲话、"2·19"讲话等一系列讲话中多次强调媒体融合的重要意义。2020年9月，中共中央办公厅、国务院办公厅印发《关于加快推进媒体深度融合发展的意见》。2020年11月3日，《中共中央关于制定国民经济和社会发展第十四个五年规划和二〇三五年远景目标的建议》发布，明确提出"推进媒体深度融合，实施全媒体传播工程，做强新型主流媒体，建强用好县级融媒体中心"。这正式标志着媒体融合已步入深水区，相应地，也对媒体发展提出新的要求。

省市级媒体作为全国媒体的重要组成部分，其深度融合的进程与成果关系着我国媒体深度融合的大局，因而需要给予格外的关注。北京日报报业集团（以下简称京报集团）是北京市重要的市属媒体，它在媒体深度融合方面的实践对其他市属媒体而言具有示范与引领作用。在多年的实践探索中，京报集团积极响应国家媒体深度融合的战略布局，全面落实习近平总书记的讲话精神。具体而言，京报集团跳脱传统思维，不断革新观念，从顶层设计层面推动体制机制创新。在内容生产方面特色突出、形式多元，注重使用新技术，并且注重培养新闻从业者的技术思维。在平台化方面，京报集团坚持优化自建平台并加强同互联网平台的合作。在媒体服务方面，京报集团以满足人民日常生活需要为己任。目前，京报集团旗下有《北京日报》《北京晚报》《北京商报》《音乐周报》《新闻与写作》等报刊和北京日报出版社，同时也拥有京报网、长安街知事、艺绽等知名新媒体产品，已经形成全媒体传播矩阵，扩大了区域性主流媒体的影响力。

一、顶层设计：媒体深度融合的体制机制建设

顶层设计决定着媒体未来发展方向。2018年通过的《北京日报报业集团深化改革融合发展工作方案》是该集团向媒体深度融合迈进的重要标志。该文件是该集团深度融合的路线图和任务书，从顶层设计的角度描绘了北京日报报业集团的发展方向、改革思路和重点。它围绕媒体的社会效益和经济效益，谋求媒体发展的系统布局，优化对人力、技术、资金等多种资源的配置。

1.明确战略布局，建立媒体矩阵

京报集团提出重点打造"2+3+X"的传播矩阵，其发展方向明确，新闻产品结构日益清晰。媒体矩阵的建立有助于突出京报集团新闻产品的特色，扩大影响力。

　　"2"是指重点办好《北京日报》和《北京晚报》，这是深度融合发展的基础。《北京日报》创刊于1952年，是中共北京市委机关报，它的定位是"意识形态的核心阵地、舆论引导的重要平台、市委领导各项工作的得力抓手"。《北京晚报》创刊于1958年，是面向广大市民的都市报，它的定位是在"生活、味道、价值"的理念下，丰富人民群众的精神文化生活。

　　"3"是指以《北京日报》新闻客户端为龙头，以长安街知事、艺绽为重点。这三个新媒体产品是京报集团集中优势资源重点发展的新媒体品牌，是京报集团在新媒体环境下的象征与代表。近年来，京报集团已经建成移动传播矩阵，拥有12个千万级、45个百万级粉丝平台，覆盖用户总数达3.4亿人。[1]

　　"X"是以北京日报微博微信、北京晚报微博微信、北晚新视觉、识政、长安观察、都视频、京直播、光影记忆等新媒体产品为支撑，构建起"全链条生产、全平台发布、全媒体呈现"的立体化传播格局。[2]此外，京报集团也不断扩大京报网、北晚新视觉网、商报网3家网站在PC端的影响力。

　　总体而言，京报集团在深度融合方面的布局较为合理，并且已取得一定正向效果。截至2022年底，《北京日报》新闻客户端作为集团移动传播龙头平台，权威首发优势不断凸显，全年阅读量同比增长216%，下载量超2388万次；同时长安街知事持续为多平台打造定制视频栏目，全网用户超3200万人，传播力影响力居全国时政类新媒体前列；北京日报、北京晚报微博微信强化与各平台账号联动，为优质内容引流，粉丝总量超3100万人，全年阅读量超百亿次；"学习强国"北京学习平台月浏览量超3亿人次，稳居全国前列。[3]

①　京报网：《京报集团社会责任报告（2022年度）》，https://wap.bjd.com.cn/news/2023/05/31/10449997.shtml，2023年11月20日。

②　北京市委巡视办：《中共北京日报社党组关于巡视整改情况的通报》，2019年3月18日，http://www.bjsupervision.gov.cn/zt/shejswxc/xszg/201905/t20190506_64178.html，2023年11月20日。

③　京报网：《京报集团社会责任报告（2022年度）》，https://wap.bjd.com.cn/news/2023/05/31/10449997.shtml，2023年11月20日。

2. 合理配置资源，部门与人才重组

京报集团在移动优先的战略下对人员资源进行了优化重组。此举有助于避免资源浪费，提高资源利用率，为其深度融合战略的实现提供基础保障。

一方面，京报集团于2019年起不再出版《京郊日报》和《北京文摘报》。这是因为，在新媒体环境下，随着新闻生产与新闻消费的移动化，纸媒在很大程度上无法契合当下读者的新闻消费特点，关停部分纸媒是大势所趋。更直接的原因是，休刊在很大程度上是读者数量有限、经济效益不佳。但是从另一个角度看，休刊有效避免了资源与人员的浪费，节省下来的财力和人力有效地应用到更加需要的位置，例如人员和资金逐步转向新媒体，这可以为新媒体的发展注入新的活力。

另一方面，京报集团整合其新媒体资源，建立融媒体中心，打造具有品牌特点与优势的新媒体端口，工作人员也相应地有所调整。具体而言，2019年起，京报集团合并原有的北京日报新媒体部、北京晚报新媒体部、京郊日报、京报网、北晚新视觉，成立了京报集团融媒体中心，形成统一的新媒体发布端口。这一做法有助于实现对新媒体产品的有效管理，实现资源利用效率最大化，避免各个新媒体部分"各自为政"，集团也可以更有效地对新媒体发展进行整体规划。同时，打通各个新媒体端口之后，传统媒体与新媒体人才通道相应打通，人员分工趋于合理化，人员流通增强，各个新媒体端口的联动能力增强。

3. 立足现实，建设经济适用型"中央厨房"

自2015年以来，以人民日报社为代表的主流媒体逐步推进建设"中央厨房"，"中央厨房"也逐渐成为媒体深度融合的理念和标配。而建设"中央厨房"最核心的部分是总编调度中心的决策指挥机制和采编联动平台的协作采集机制。[①]它有助于实现多平台的协作生产与协同分发，可以推动生产流程再

---

① 张天培：《关于"中央厨房"，这四个误解不能有》，2017年9月15日，http://media.people.com.cn/n1/2017/0915/c404465-29538955.html，2023年11月20日。

造和生产理念转变，使新闻生产更适应如今移动化与实时化的环境。人民日报社的"中央厨房"在运行中首先为人民日报社内部的各子媒体服务，同时通过版权合作、技术合作等方式为其他媒体和单位分享产品、提供服务和资源。[1] 然而，建成诸如人民日报社的"中央厨房"需要较高成本，其对于资金和技术的需求并非所有省市级媒体都能模仿借鉴。

京报集团在资金有限的情况下，依旧坚持优化新闻生产流程和平台再造，其在人民日报社高投入的"中央厨房"模式的启发下，建成了经济适用型的"中央厨房"。在这一模式下，京报集团将记者采集的内容素材录入数据库后，各新媒体平台根据需要对其进行个性化的二次加工，最终生产出不同形态的新闻产品，在不同的新媒体平台分发与传播，实现了一次采集、多元生产、多元分发。这使得新闻传播的层次更加丰富，主流媒体的传播阵地得到了拓展。同时，这一经济适用型的"中央厨房"扮演"媒体大脑"的角色，能够通过数据抓取与分析，为新闻生产提供内容和技术支撑，"最终能够全面支撑集团报、网、端、微全系列新闻产品的生产和发布，实现对策、采、编、发、管、馈、控等新闻生产诸环节的全面支持"[2]。

整体而言，京报集团的"中央厨房"更加简洁实用，灵活性强、成本低。尤其在重要的时间节点，此类"中央厨房"的效果得以显现出来。它在有限投入的前提下，提高了新闻生产的效率，增强了新闻内容的时效性。

4. 鼓励创新，顺应新媒体发展趋势

京报集团在深度融合发展中鼓励创新新闻生产机制与创新融媒体新闻产品，顺应新媒体环境下新闻即刻化、碎片化、差异化的特点，进而提升京报集团的传播力与影响力。

首先是创新新闻生产机制。北京日报建立了全天候的融媒体采编流程，

---

[1] 陈国权：《中国媒体"中央厨房"发展报告》，《中国记者》2018 年第 1 期。
[2] 中国传媒大学党报党刊研究中心课题组：《我国省级党报融合发展整体布局及盈利模式研究》，《现代传播（中国传媒大学学报）》2018 年第 12 期。

形成了全天候24小时有序运行的新闻生产与传播链条。在这一创新机制下，从线索通报、选题策划、稿件提交、编辑制作、新媒体和报纸端发布到各大移动平台的传播推广，北京日报初步实现线索随时通报、沟通随时展开、策划协同随时进行、稿件随到随看随发的新媒体传播目标。[①]这一生产机制适应新媒体环境，提高了媒体反应速度，有助于媒体及时决策，更催生了即时化、立体化的新闻生产与传播体系。

其次是创新融媒体新闻产品。京报集团建立并坚持完善融媒体产品孵化机制，鼓励各部门在垂直领域不断创新，不断为媒体深度融合注入新鲜血液。京报集团的标志性融媒体产品长安街知事即是媒体内部创新创业的结果。长安街知事自2014年创办至2020年底，全网订阅用户超过2000万人，微信公众号订阅用户达到百万人。[②]截至2023年，长安街知事持续为多平台打造定制视频栏目，全网用户超过3200万人。[③]目前长安街知事已成为时政新闻垂直领域具有深度影响力的新媒体，既得到党政机关认可，又受到百姓喜爱。

二、深耕特色内容：媒体深度融合的着力点

新闻内容是传统媒体的优势，并且媒体的竞争归根结底是内容的竞争，这一规律在新媒体环境下仍然适用。京报集团集中优势打造特色内容，并且借助新媒体技术进一步丰富优势内容的形式，扩大内容影响力。

1.在新媒体端延续内容特色：时政新闻与人文阅读

京报集团在媒体融合转型中深耕内容，在内容供给侧结构性改革中集中优势资源、突出内容特色、优化内容产出、提升内容质量、增强内容的原创性与独特性，形成了时政新闻与文化新闻两张名片。时政新闻与时评内容是

---

① 蒋子文：《北京日报社推进融合发展，关停北京文摘、京郊日报》，2019年3月20日，https://www.thepaper.cn/newsDetail_forward_3166507，2023年11月20日。
② 郭涛：《新媒体怎样坚守党报的初心与使命？》，《新闻战线》2019年第9期。
③ 京报网：《京报集团社会责任报告（2022年度）》，https://wap.bjd.com.cn/news/2023/05/31/10449997.shtml，2023年11月20日。

京报集团内容深度与锐度的体现，而文化生活相关的内容则体现了京报集团的温度。事实上，这两类新闻一直是京报集团的优势所在，也是其长期历史积淀的延续。

京报集团确立这两方面的内容特色是有据可循的。北京作为首善之都，是我国的政治中心与文化中心，这为京报集团的发展提供了得天独厚的资源优势，也成为京报集团内容建设的两大立足点。一方面，北京市是众多中央国家机关驻地，时政新闻资源丰富，新闻媒体和知名企业、高校与科研机构数量众多，这为开展新闻工作提供了丰富的新闻线索、访谈资源；另一方面，北京市历史悠久，文化底蕴丰厚，这为北京市的媒体策划相关选题提供了资源优势。

在时政新闻方面，京报集团坚持正确舆论导向，采用新媒体方式有效传达党和政府的声音，不断提升党媒的传播力、引导力、影响力、公信力。

一方面，京报集团立足北京作为政治中心的优势，发展出长安街知事等时政新媒体的拳头产品。该新闻品牌秉承"提供靠谱的政事分析、解读注意不到的新闻细节、脑补有趣有料的政治常识、提供走心的时政新闻"这一理念，在选题上紧跟国内外时政热点，在内容上特点鲜明，并且注重采用新媒体用户喜闻乐见的方式和语言。据统计，截至2020年9月，长安街知事全网用户达2336.5万人，月均10万+篇数超过120篇，超越大量中央媒体，影响力各项指标已远超北京地区所有媒体、机构自办新媒体；2019年，长安街知事微信公众号订阅用户数突破130万人，全年发布文章超1300篇，10万+文章近300篇，日均阅读量在51.4万次以上。[1]长安街知事遇到大事敢发声、及时发声、有效发声，能在掌握互联网传播规律与用户新闻消费特征的基础上，放大党媒的声音，发挥舆论引导的作用。

另一方面，京报集团在新媒体环境下延续其在时评方面的优势。评论是

---

[1] 中国记协网：《长安街知事》，2020 年 10 月 14 日，http://www.zgjx.cn/2020-10/14/c_139438865.htm，2023 年 11 月 20 日。

媒体的一面旗帜，"观点制胜"是党媒在新媒体环境下进行议程设置、凝聚共识的关键所在。"长安观察"创办于2008年，是北京日报新闻时事评论专栏。一直以来，它紧跟热点，及时发声，观点鲜明，视角独到，以其严肃的态度和理性的精神，积极主动、旗帜鲜明地引导社会舆论。京报集团将传统媒体时代的时评特色延续到新媒体环境中，开设了"长安观察"微信公众号，刊发的评论类文章信息含量高，能够较为深入地解析与评说社会现象之后的本质，坚持以正确的观点输出和价值传递，引领社会向上向善。这一栏目荣获第二十七届中国新闻奖一等奖。可见，积极把握时度效，做到"敢说、早说、会说"，那么党报评论也可以满足新媒体舆论场的需求，化"最大变量"为"最大增量"，以优质的评论内容成为各个互联网传播平台青睐的"头部产品"。①

在文化类新闻方面，京报集团立足北京作为全国文化中心的定位，充分利用北京独有的文化特色，坚持策划具有人文关怀的新闻选题，使新媒体产品充满"京味儿"，不断丰富北京人民的精神文化生活。目前，"艺绽"是京报集团文化类产品中的核心栏目和权威品牌。"艺绽"微信公众号由北京日报文化新闻部负责运营，它自2014年成立以来，已拥有了较为稳定的用户群。该新闻产品主打文艺资讯、文化热点和文化观察，从选题、内容、文字、图片、视频等多个角度兼顾媒体的舆论引导与用户偏好。"艺绽"落脚于文化生活的同时，突出北京的文化底蕴。其在微信公众号"文艺地图"栏目中，收入了《地铁看戏》《中轴线文艺地图》《天桥文艺地图》《北京阅读地图》《五一漫步北京地图》等文章，从地图这一空间的角度诠释了北京的文化特色。可见，"艺绽"遵循"服务大众"之宗旨，从"大文化"着眼，从服务性着手，对文艺资源进行系统的梳理、整合、加工、萃取，从而为读者提供专

---

① 毛颖颖：《"流量"时代党报评论守正创新的实践思考——以北京日报"长安观察"融合实践为例》，《新闻与写作》2019年第11期。

业且权威的文艺生活指南。[①]这也体现出，京报集团在传播主流价值观、发挥舆论引导作用的同时，力求以人们熟悉的文化传统、文化地点、文化故事为切入点讲好北京故事，有助于体现媒体的温度，增强读者对媒体的认同感和对城市的归属感。

2.以新媒体技术丰富内容形态：视觉化的呈现

京报集团在内容融合发展中充分发挥新媒体技术的作用，在时政与文化类新闻两大特色内容的基础上，不断丰富内容的呈现形态，增强内容的可读性与生动性，使其更加适应新媒体环境下内容碎片化、娱乐化、注重互动性的传播特征。这具体体现在三个方面：

一是发展视频新闻报道。京报集团成立"京直播"团队，直播内容以政府机构的新闻发布会及各类文化活动为主。尤其是自2020年遭遇新冠疫情以来，"京直播"团队特别关注北京疫情防控工作新闻发布会。针对疫情零星散发的省市，"京直播"团队也关注当地的新闻发布会。例如在2021年1月，团队就对上海市、河北省、吉林省等地的疫情防控新闻发布会进行了直播。疫情防控新闻发布会的直播可以保证新闻用户即使身在异地，也能及时获取疫情相关新闻与政策，掌握更加全面的疫情信息，缓解人们的紧张情绪。在文化类活动方面，"京直播"主要关注北京范围内的各类文艺活动，展现北京的历史人文底蕴以及文化气息。例如，其曾直播过《国家大剧院"中西合璧"音乐会：京剧、交响乐混搭演绎感人故事》《十大"北京最美街巷"评选出炉，谁家街巷最好看？》《160年终回故里！马首铜像回归圆明园首度展出》等节目。"京直播"在新的传播渠道延续了京报集团的内容特色，时政新闻与文化生活类内容仍然是直播项目的重点。

再者，京报集团开设了主打短视频新闻的"都视频"栏目。目前这一新闻品牌嵌入在北京日报新闻客户端开设的"视频"栏目中，以短视频加简短

---

① 李红艳：《文化新闻传播的新媒体实践——以北京日报"艺绽"公号为例》，《现代传播（中国传媒大学学报）》2017年第2期。

的文字介绍的方式呈现。"都视频"的内容主题较为广泛，除了北京日报擅长的时政与文化类短视频，还涵盖了大量社会新闻。其内容主要来自北京日报记者在现场采访中拍摄的视频素材，同时工作人员也会对央视新闻等机构账号的外部素材进行剪辑与提炼，生产出1分钟到2分钟的短视频。"都视频"也策划、拍摄、编辑过一些特定主题的内容，如《趣胡同》系列短视频等。此外，工作人员还会转载合作机构生产的短视频，不断丰富短视频内容的种类。截至2022年底，"京直播""都视频"日均生产原创视频90余条、播放量超2700万次。[①]

　　二是发展音频新闻产品。京报集团坚持推动音频节目发展，其音频产品始于2019年8月天猫精灵早间时段推出的《音频早餐》。截至2020年底，在参与排名的40周全国媒体数据周榜单上，北京日报新闻客户端《音频早餐》17次问鼎"每周最吸引人新闻节目"，是所有与天猫精灵合作媒体中上榜次数最多的；37次进入"用户一周喜爱度最高榜"三甲，其中20次夺得榜首。[②]在2020年9月中国国际服务贸易交易会开幕前夕，北京日报新闻客户端上线了"纸上听"频道，在原有的新闻早餐、新闻我来说、北京最新鲜三档节目的基础上，推出了夜读、新轩书场、一封家书、童音、听出健康、听书、听纸等多档精选栏目。音频可以作为一种伴随性的存在，新闻用户对它的使用具有较强的灵活性，这一新闻传播方式并没有因为新媒体时代的到来而衰落，反倒为京报集团的深度融合实践提供了更多可能性。京报集团的音频节目一方面来自文字新闻，将部分文字内容经过改造转化为音频内容，相当于拓宽了内容传播的渠道，增加了内容的曝光机会与曝光量；另一方面音频节目来自京报集团开发的新栏目，不同的栏目满足了不同年龄段新闻用户的需求，有助于该集团吸引不同的用户群，提升用户黏性和好感度。

---

① 京报网：《京报集团社会责任报告（2022年度）》，https://wap.bjd.com.cn/news/2023/05/31/10449997.shtml，2023年11月20日。

② 柳爽：《听，北京日报来了》，2020年9月9日，https://ie.bjd.com.cn/5b165687a10550e5ddc0e6a/contentApp/5b16573ae4b02a9fe2d558f9/AP5f587bcfe4b0dd63db4a970e?isshare=1&app=6018cd9ce887f7c0&contentType=0&isBjh=0，2023年11月20日。

三是充分利用新媒体技术，制作新媒体传播形态的产品。首先，在重要时间节点与重大新闻事件中制作与发布H5产品已成为北京日报报业集团的常规工作。2017年6月18日至20日，北京日报新媒体、长安街知事首次发布其新媒体H5产品——《党代会掌上指南》《50张图片穿越北京这五年》《您有一封来自北京市委的邀请函》《11人亮相短视频讲述北京这五年》，截至2017年6月20日，4个H5产品总阅读量突破5万人次。[①]首次成功尝试为京报集团积累了经验和信心。在此之后，其新媒体团队创作了一系列重要的融媒体产品，如针对改革开放四十周年制作了《改革开放四十周年我的家》《40年大美时光》等H5作品。

此外，京报集团开设主打图片新闻的"视觉"栏目，其同样嵌入在北京日报新闻客户端中。该栏目以图片合集配文字的形式，形成了独特的新闻报道方式，使特定主题的新闻呈现效果更加立体与丰富，如其在2021年1月刊发的《多图直击！北京春运首班列车，很多车厢上座率不足一半》《我们从老照片里找出了这些大运河畔的网红打卡地》《北京风有多大？看看路人穿戴就明白了》《古长城上雪茫茫，一派北国壮美风光》《这个冬天，"小精灵"们在北京"起舞"》等。整体而言，这一图片新闻栏目的报道主题仍然和社会热点以及北京的社会文化息息相关，同时也涵盖了国内外具有重要性、趣味性与时效性的新闻。此类内容表面看是图文的融合，实则建立在特定内容主题之上，这是对北京日报擅长的文化类新闻报道的拓宽、延伸与丰富。

综合以上内容可以看出，京报集团在内容层面不断推动深度融合进程，形成了时政新闻与文化新闻两大特色与两大支点，而新媒体技术的介入提供了更多新闻生产的可能性，丰富了这两类内容的形式，优化了传播效果。这也从另一个角度说明，京报集团树立了互联网思维，在理解技术对新闻的作用以及技术理性的基础上，实现了内容特色与新媒体技术的融合。

---

① 人民网：《〈北京日报〉首个融媒体产品：四拔H5惊艳党代会》，2017年10月10日，http://media.people.com.cn/n1/2017/1010/c40606-29577292.html，2023年11月20日。

三、双重分发：以平台建设激发内容优势

一般而言，传统媒体更加注重内容生产，而京报集团在新媒体环境下从注重生产转向重视生产与传播并举。该集团充分利用数字化技术的红利，在自建平台的同时积极发挥其他互联网平台的作用，通过两类平台双重分发的策略，加快了自身的平台化进程。

1. 建设自主可控的内容分发平台

我国主流媒体在深度融合中逐步向平台化发展。媒体建设自主可控的内容分发平台是近年来各级主流媒体实践探索的重要内容。媒体自建平台能快速有效地建立与社会公众及商业机构基于互联网的全面连接，从而使主流媒体机构在网络传播环境下，仍然能有效地发挥社会功能，掌握网络舆论主导权，聚合优势资源，吸引海量用户，优化运营模式，升级生产方式。[1]京报集团在这一思路的指导下，加快平台化建设，取得了一定成果。

第一，京报集团建成北京日报新闻客户端。2018年10月9日客户端上线，其定位为"新闻+政务"，设有热点、时事、锐评、城事、看报、学习、直播、视频、清风北京、经济、民生等多个频道。京报集团对北京日报新闻客户端的期待是逐步将其发展为习近平新时代中国特色社会主义思想的学习传播平台、全面从严治党的教育平台以及市委、市政府政务信息权威首发平台。[2]截至2020年9月，北京日报新闻客户端下载总量已达1600万次，月均发稿量从5000多篇提升到10000多篇，累计阅读量达90多亿人次，在全国省级党报客户端中处于排头兵地位。[3]在2018—2019年中国媒体融合发展排行榜中，北京日

---

[1] 宋建武、黄淼、陈璐颖：《平台化：主流媒体深度融合的基石》，《新闻与写作》2017年第10期。

[2] 《北京日报客户端全新升级上线！》，2018年10月9日，https://baijiahao.baidu.com/s?id=1613833626758470395&wfr=spider&for=pc，2023年11月20日。

[3] 《北京日报：一场以融媒为名的华丽转身》，2020年9月5日，https://www.bbtnews.com.cn/2020/0905/367786.shtml，2023年11月20日。

报App入选中国媒体融合2018—2019年度先锋榜。[①]近年来，北京日报新闻客户端不断更新迭代，已于2023年推出超级客户端（3.0版），它聚合了京报集团旗下报、网、端、微、屏所有内容，并且推出了"基础版""北京日报版""北京晚报版""我的客户端"四种模式。

第二，京报集团大力发展"北京号"，建成了一个内容聚合类的算法推荐平台。"北京号"由京报集团与百度百家号合作建立，于2019年12月10日正式发布。自上线至2023年3月，其已吸引370余家单位入驻，包括北京人大、北京政协、北京市委组织部、北京市高院、北京市检察院等政务机构，北京16+1区、京津冀协同发展地区及黑龙江、山东、甘肃等区域机构，北京人艺、北京友协、市属公园等事业单位，北京大学、清华大学、中国人民大学、北京师范大学等教育名校，同仁医院、安贞医院、地坛医院、朝阳医院等三级医院，形成区域、政务、机构、教育、健康五大新媒体矩阵，发稿总量23万篇。[②]在内容上，"北京号"集中呈现了北京本地新闻资讯、政务服务信息、历史文化、旅游景观、环境生态等，是北京市民获取各类新闻信息的重要平台。目前，"北京号"嫁接在北京日报新闻客户端内。"北京号"内设有"推荐""全部""关注""榜单""读报"五个栏目。其中，"榜单"这一栏目分别开设了"人气榜"与"热文榜"，"人气榜"是对发布者内容影响力的排名，而"热文榜"是对单篇文章热度的排名，这两个榜单可以帮助读者快速判断当日的新闻重点。

整体而言，媒体自建平台对媒体深度融合具有重要意义。随着互联网平台成为超级把关人，传统媒体的新闻把关作用被弱化，而自建平台的方式可以一定程度上帮助传统媒体重新掌握新闻把关的权力，进而应对互联网平台的冲击。从另一个角度看，自建平台也有助于京报集团掌握用户的第一手数

---

①　梅宁华、支庭荣主编：《中国媒体融合发展报告（2020）》，北京：社会科学文献出版社，2020年。

②　张晶、王晓飞：《欢迎共青团北京市委、石景山区委政法委、郑州日报等单位入驻北京号》，2023年3月30日，https://baijiahao.baidu.com/s?id=1761755552218015946&wfr=spider&for=pc，2023年11月20日。

据，更清晰与详细地了解其用户特征、用户喜好、各类新闻的传播情况等。在此基础上，媒体可以调整内容生产方向、优化新闻内容，也可以更好地发挥舆论引导功能。对于经营部门而言，其可以制订更加精准的营销计划，为媒体创造更多收益。

2. 加强与平台型媒体的内容分发合作

互联网技术的发展使新闻媒体与互联网平台之间的边界逐步消融。平台型媒体在内容分发时主要依靠算法推荐技术，基于海量的用户数据不断提升分发的精准性，占据了新闻传播"最后一公里"的优势。在这一背景下，主流媒体纷纷向平台型媒体布局，京报集团中的媒体品牌也积极谋求与各类平台型媒体合作，增加新闻内容的出口。除常见的微博和微信之外，京报集团的新闻内容同样在今日头条、腾讯视频、抖音、快手等新兴平台进行分发。这一策略拓宽了传播渠道，扩大了京报集团的影响力，增强了该集团融合发展的深度和广度。

在文字类新闻报道方面，京报集团已与今日头条、百度、腾讯等平台型媒体建立合作关系，授予此类平台型媒体新闻转载权。例如长安街知事的内容已同时覆盖微信公众号、小程序、微博、头条号、腾讯企鹅号等诸多平台，"长安观察"的合作平台包括头条号、百度百家号、阿里大鱼等。这一合作方式扩大了京报集团的内容影响力，使其获得更多粉丝。以京报集团的新闻内容在今日头条上的数据为例，据本研究团队统计，截至2023年11月，北京日报客户端头条号的粉丝量是597.4万人、获赞6049万次，北京晚报头条号的粉丝量是67万人、获赞102万次，长安街知事头条号的粉丝量是597万人、获赞2927万次，长安观察头条号的粉丝量是104万人、获赞721万次，艺绽头条号的粉丝量是6万人、获赞31万次。

在视频类新闻报道方面，京报集团已与抖音、快手等短视频平台型媒体建立合作关系，该集团的视频编辑针对短视频平台的特点进行有针对性的剪辑与编辑。在内容方面，北京日报和北京晚报将"京直播"与"都视频"中的内容制作成竖屏模式，长安街知事也会将其制作的短视频节目上传至短视频平台。在传播效果方面，据本研究团队统计，截至2023年11月，北京日报抖音号粉丝量1076.7万人、获赞1.1亿次，北京晚报抖音号粉丝量111万人、获赞641.9万次，长安街知事抖音号粉丝量606.4万人、获赞144万次。在快手短视频平台上，北京日报的粉丝量是608.2万人、获赞4.3亿次，北京晚报的粉丝量是46万人，获赞703.5万次，长安街知事的粉丝量是23.9万人、获赞251万次。可见，此类短视频平台型媒体是京报集团视频新闻的重要出口，有助于主流媒体在短视频平台中发挥舆论引导作用，同时增强了媒体的传播力和影响力。

综合来看，传统媒体与平台型媒体建立了一种共生关系，双方在合作中各取所需、共同发展，实现了资源共享、内容联动、影响共振。对于京报集团而言，平台型媒体可以提升其新闻内容的覆盖率和到达率，提升媒体品牌的影响力。对于各类平台型媒体而言，京报集团作为老牌的专业媒体机构，其生产的新闻内容在政治导向、内容质量等方面占据优势，这些内容也可以提升平台型媒体"内容池"的质量，促进平台型媒体的良性运营。

四、京报集团深度融合的未来方向

京报集团在不同层面展开媒体深度融合的实践探索，从顶层设计、内容生产到新闻分发、便民服务，均体现出该集团落实国家既定方针的坚定决心和有效行动。不过，为了进一步服务国家媒体深度融合大局，更优质地实现主流媒体在推进国家治理体系和治理能力现代化建设中的作用，该集团在深度融合方面还需进一步深化。

1.在顶层设计方面优化组织架构，完善人才培养机制

目前京报集团已逐步落实部门的重组与再建，未来还可以根据新媒体生产特点，增强组织架构的稳定性与灵活性，从而提升新闻生产效率，推动新闻创新，保障深度融合完成。稳定性是指保持京报集团现有的整体架构不变；灵活性是指在具体的部门分工中进一步扁平化、集约化，提升工作人员自主

性。例如继续鼓励新闻编辑部的内部"创业",成立小型的融媒体新闻工作室;也可以根据新闻报道需要成立项目工作制小组,小组由创意发起人牵头组织,项目完成后该小组即可解散;还可以建立栏目化的新闻生产机制,并且通过定期对栏目的考核实现优胜劣汰,进而提升内容质量。

在人才培养方面,京报集团可以加强对从业者的职业技能培训,建立从业者之间的工作交流与学习机制,使从业者向全媒体人才方向发展。首先,可以充分利用北京市在媒体、高校、企业等方面的资源,邀请相关人员举办讲座或者工作坊,进一步开阔本集团新闻从业者的眼界视野并提高其业务水平。其次,可以加强内部交流,一方面可以实行以老带新的"传帮带"模式,培养年轻新闻从业者坚定的政治立场和过硬的专业水平;另一方面可以发挥年轻新闻从业者在互联网思维和媒介技术方面的优势,启发资历深、经验丰富的编辑记者,形成"新""老"人才之间的良性互动。除此之外,人才的培养和留存还需以合理的绩效考核制度和激励制度为保障,京报集团可以统筹考虑新闻内容质量、传播效果、发稿数量等多个方面,更新绩效考核与奖励体系,使其适应新媒体环境。

2. 在内容生产方面强化对新媒体技术的使用,制造"爆款"产品引流

京报集团在坚持内容特色的基础上,配合使用新媒体技术增强时政与文化类新闻的传播力。但是,该集团对新媒体技术的使用仍然存在不充分和不全面的情况。虽然该集团使用了视频、音频、H5等技术不断丰富内容形态,但是尚未培育出具有较高辨识度和知名度的"爆款"产品,同时其对于VR、AR、AI等前沿技术的使用较少,尚未形成技术品牌。

由此,京报集团可以继续加大资金投入和人才投入力度发展新媒体技术,不仅以新媒体技术突出已有的内容特色,还要依托新媒体技术形成新的内容优势和媒体影响力增长点。例如该集团可以购买更先进的媒体设备;以高薪招聘媒体技术人员,使其直接参与到融媒体项目中;也可以加强与外部技术公司的合作,采用技术外包的形式使融媒体产品落地。在内容方面,一方面可以在特定新闻选题中增加对VR、AR的使用。例如在历史文化类新闻报道中使用相关技术有助于更加立体化地呈现北京的历史底蕴与当代面貌，提升用户对城市的认同感，增强城市自信。另一方面可以进一步将创意思维和新媒体技术相融合，依托重要时间节点和重大新闻事件，打造"爆款"产品，提升媒体知名度。

3. 在平台建设方面立足新闻用户，充分释放用户数据的能量

京报集团在自建媒体平台的同时，不断加强与平台型媒体合作。在这两种平台化建设的道路上，该集团需要立足既有新闻用户，兼顾主流媒体的政治导向与用户喜好，进而有针对性地生产和分发新闻。实现这一目标的关键在于获取与分析用户数据，此类数据来源于媒体自建平台的后台系统，也来源于具有合作关系的平台型媒体。

获取用户数据与使用用户数据具有同样重要意义。首先，掌握终端的用户数据可以服务新闻生产。通过对不同平台中海量用户数据的统计分析，新闻从业者可以更深入地了解用户的新闻使用特征、用户的新闻偏好、信息的传播规律等。在此基础上，新闻从业者可以有选择地调整新闻选题、新闻写作、新闻编辑方向，还可以针对不同的新闻分发平台进行差异化的新闻生产，从而扩大新闻内容的传播范围。其次，掌握终端的用户数据有助于媒体的经营与运营。相关媒体部门可以在分析用户数据的基础上完善数字化广告推荐系统，在新闻分发时植入广告、实现广告的精准推送，从而为媒体创造更多广告收入，提升媒体的经济效益。最后，掌握终端的用户数据还可以拓展媒体的业务范围，例如媒体可以基于海量的用户数据进行舆情监测与分析，而售卖此类服务还可以提升媒体的经济收入。

4. 在平台运营方面拓宽便民服务范围，增强用户黏性

目前，主流媒体平台在运营时往往将新闻与政务、服务、电商等业务相结合，京报集团也采用了这一运营模式。该集团将便民服务嵌入北京日报新闻客户端中，但是其对于用户生活需求的开发不够充分，服务种类相对有限。

未来，北京日报新闻客户端应进一步发挥媒体与市民的连接作用，丰富便民服务的类型，集新闻服务、政务服务、生活服务于一体，不断延展服务范围，提升服务质量和水平。具体而言，北京日报新闻客户端中可以继续植入本地教育、医疗、公安、社会、环保、金融等业务，增加政务预约、文化活动线上预订、天气预报查询等板块，通过便民丰富增强用户使用新闻客户端的黏性，进而提高新闻客户端的打开量，提升新闻报道的阅读量，使新闻与便民服务形成互相促进的良性互动。

第二节　新京报：构建移动优先的系统性资源配置方案

2019年12月7日，新京报在第四届中国产经媒体融合发展高峰论坛上透露，新京报全报社包括采编、经营、发行、行政等在内的团队全围绕新京报移动传播矩阵工作。2023年，新京报全媒体传播矩阵平台入选第三届中国报业深度融合发展创新案例名单。新京报在智媒时代的转型对策，特别是强化原创特色、动员用户参与的方式方法、加强线上平台建设的整体思维以及拓展多元业务和营收机制的体制机制，成为首都地区新型主流媒体建设的重要经验。

一、竞合视角下的省级主流媒体融合建设

2019年1月25日上午，中共中央政治局就全媒体时代和媒体融合发展举行第十二次集体学习，习近平总书记强调，党报、党刊、党台、党网等主流媒体必须紧跟时代，大胆运用新技术、新机制、新模式，加快融合发展步伐，实现宣传效果的最大化和最优化，媒体融合的发展，要着力于"催化融合质变，放大一体效能，打造一批具有强大影响力、竞争力的新型主流媒体"。在推进媒体深度融合的过程中，《新京报》要考虑如何同互联网公司开展广泛的

竞争与合作，最终将自身建设成一家新型主流媒体。

1.主流媒体与互联网平台的竞争与合作

作为媒体场域内一支重要机构力量的概念描绘，"主流媒体"的学术话语从西方引进并伴随着持续的新闻实践得到本土化理解。乔姆斯基在1997年发表的题为《什么让主流媒体成为主流》的文章中将主流媒体称为"精英媒体"或"议程设置媒体"，强调主流媒体所掌握的独家信源和设置新闻框架的能力。[①]我国学界对主流媒体概念的前期理解则沿经济路径[②]和政治路径[③]展开，分别从受众社会影响力和传媒社会声誉的角度探讨主流媒体的主流属性。2004年，新华社"舆论引导有效性和影响力研究"课题组在当时的时代背景下提出了主流媒体的六条标准，突出强调主流媒体作为党和人民喉舌的政治属性。国家级通讯社，中央和省级党报、党刊，中央和省级电视台、广播电台，以及上述媒体主办的新闻门户网站等，都属于主流媒体范畴。今天对主流媒体的理解结合了学界和业界的共同认知，通常是指具有新闻信息采集、发布的全资质，在组织上接受各级党委和政府领导的新闻媒体机构。[④]

近年来，互联网平台进军媒体领域成为大势所趋。互联网平台即借由互联网技术所打造的线上平台，存在基础在于为用户提供服务。在国际新闻界，以Facebook为代表的互联网巨头对新闻业特别是传统媒体形成了内容生产的收编、利益格局的重组。一方面，互联网商业平台已经构建起了全链条新闻产品矩阵，涵盖了从新闻采集、生产、分发与二次传播的各个环节；另一方面，越来越多的用户不再关注新闻内容的来源，传统媒体机构的品牌效应日渐丧失，商业平台的话语权超过了传统主流媒体。随着互联网巨头放弃内容

---

① 李希光、郭晓科：《主流媒体的国际传播力及提升路径》，《重庆社会科学》2012 年第 8 期。
② 喻国明：《影响力经济——对传媒产业本质的一种诠释》，《现代传播》2003 年第 1 期。
③ 邵志择：《关于党报成为主流媒介的探讨》，《新闻记者》2002 年第 3 期。
④ 宋建武、林洁洁：《遵循新兴媒体发展规律　推动媒体融合向纵深发展》，《传媒观察》2019 年第 4 期。

生产而着力打造传播入口，算法取代专业编辑成为新的议程设置者，带来整个传播权力结构的变化。[①]平台媒体向传播权力中心的跃进从行业链条上表现为传统媒体转变为单纯的新闻生产者的退守，新闻的传播权力被平台媒体接管；在生产和传播的过程中表现为算法代替新闻编辑成为新的把关人，新闻选择的权力被牢牢地把控在平台媒体的手中；从市场份额上看，平台媒体在很短的时间内吸引了大量的用户，使本就处于危机之中的传统新闻业生存空间更加狭小。[②]

而与新闻领域相关的互联网平台多指向"互联网商业平台"，商业平台通常是指民营企业在互联网上运营的海量用户平台。在此基础上，主流媒体竞争与合作的对象可以指称为"生态级互联网商业平台"，后者既能支持新闻等公共性信息分发，又能提供通信、社交、电商、本地服务等多种社会功能。具体到中国语境之中，无论是以微信、微博为代表的社会化媒体和以今日头条为代表的新闻聚合平台，还是以抖音、快手为代表的短视频平台，都与历史悠久的传统媒体在多个领域存在竞争与合作的关联。在当下社会环境中，平台媒体化与媒体平台化的趋势共存，主流媒体与商业平台的竞争与合作进入新阶段。

2. 新京报："智"渡媒体转型中的省级主流媒体

融合体系中的省级主流媒体在打通区域内政务服务、城市公共服务资源方面具有较强的号召力和协调力，适合建立辐射一定范围的综合服务平台，平台业务类型可涵盖新闻发布、政务服务及各类城市生活服务等方方面面。与此同时，省级媒体平台在媒体融合的过程中也具备一定的技术优势，可以

---

① 史安斌、王沛楠：《传播权利的转移与互联网公共领域的"再封建化"——脸谱网进军新闻业的思考》，《新闻记者》2017 年第 1 期。

② 白红义：《重构传播的权力：平台新闻业的崛起、挑战与省思》，《南京社会科学》2018 年第 2 期。

和市县级媒体相对接。[①]具体而言，以湖北广电"长江云"为代表的区域性生态级媒体平台为区域内各级媒体提供技术、内容和经营的支撑；以浙报集团为代表的互联网枢纽型媒体平台通过服务吸引用户，把握用户需求，调动能利用的各种资源，提供以新闻信息为主的多元服务；以上海东方网为代表的互联网综合服务平台则以媒体业务为主体，社区民生服务为支撑。在主流媒体与互联网平台的竞争与合作常态化的环境下，不同地域的省级主流媒体通过商业化的运作机制与外力支持的技术革新，因地制宜探索深度融合发展路径。

新京报近年来主动适应智媒时代的发展需求，积极开展转型探索，并在北京市委的支持下整合三家媒体。2018年8月13日，北京市委全面深化改革委员会通过了新京报与北京晨报、千龙网整合的决议，决定集中三家媒体的优势资源，服务北京市媒体融合的规划，建设新型主流媒体。其中，发挥新京报在专业内容生产方面的优势，整合原北京晨报的人才、辅以千龙网在技术方面的特长，保持和增强市属主流媒体的影响力。

此外，新京报坚持移动优先战略，搭建全媒体矩阵传播体系。新京报全报社包括采编、经营、发行、行政等在内的团队全围绕新京报移动传播矩阵工作，报社专门选取7位经验丰富的优秀编辑组建报纸编辑部，全力办好报纸端产品，以独立于App之外，形成错位运营。除了报纸编辑部的7人外，新京报另有千余名员工，但他们的工作重心已经全部转移到了新媒体端和报社整体运营的各个环节。[②]新京报在智媒时代的转型对策，特别是强化原创特色、动员用户参与的方式方法、加强线上平台建设的整体思维以及拓展多元业务和营收机制的体制机制，都成为首都地区新型主流媒体建设的重要经验。

① 人民日报社：《融合体系——中国媒体融合发展年度报告》，北京：人民日报出版社，2020年。

② 齐雅文：《〈新京报〉报纸内部系统只剩下7个人了！其余已全部转型新媒体》，2015年12月1日，https://www.sohu.com/a/435657206_613537，2023年11月20日。

图1 新京报全媒体矩阵

二、移动优先的内容生产：原创特色与视频化转型

新京报始终坚持"内容为王"，不断强化原创特色、提升核心竞争力。内容成分方面，新京报App已实现95%以上内容为原创内容的目标。[①]内容形式方面，《新京报》逐渐覆盖3D视频、二维动画、新闻直播、短视频新闻等各种传播端口，视频化优先的举措成为报社转型的引擎。

1. 构建脱报向网、移动优先的传播体系

（1）报纸改版，内容品牌化与深度化

对于新京报而言，报纸一直是报社最大的亏损源之一，自新京报App上线以来，新京报主动减少报纸发行量，将因此减少的发行成本转移到新媒体和技术研发上。自2021年起，《新京报》周六周日不再出报，逢法定节假日休刊，这与其撤新媒体部、设报纸编辑部、去中心化的组织架构调整相契合。而报头风格的"去Logo"化与版式设计的"去城墙红"化，也隐含了新京报纸媒

---

① 周瑞：《视频化转向：媒体融合背景下〈新京报〉的转型研究》，硕士学位论文，中央民族大学，2019年。

端对自身定位的思索与调整。

内容生产品牌化、品牌栏目强IP化是新京报优质内容生产的内生动力。为了更广泛推广新京报的品牌栏目，新京报报纸改版取消了报纸"调查"栏目，新增"X调查"版块；取消"拍案"栏目，改为"重案组37号"版块；取消"人物"栏目，新增"剥洋葱"版块，从而联通了报、网、端、微的栏目设置，使得新京报各平台的栏目名称保持一致。此前已经IP化的新京报评论、书评周刊等栏目，继续做大做强做精。

（2）报网互动，为移动端导流

新京报内容生产的优势之处在于坚守生产专业、独家、高质量的原创深度类报道，并将纸媒优质内容与新媒体结合起来，实现融合传播。报纸端发力与发展新媒体并不相悖，而是相辅相成、彼此支撑。为了提升报纸深度化、大专题化操作，新京报抽调富有办报经验的精兵强将组建报纸编辑部，为新京报App端提供有深度、有力度、有锐度的内容产品。这些内容在App端的有效推广，再一次提升了新京报的品牌影响。

传播导流的视频化，让报纸与App端互动联通成为现实。用户扫描报纸端二维码，可以获取重大事件最新进展、视听化延展阅读、精品荐读等，无限丰富信息量和内容。[1]App毕竟无限大于报纸，报纸端无法承载的内容，比如App端的"我们视频"、动新闻、图集等优质新媒体产品，都可以通过二维码转换，与报纸实现全方位对接导流。例如，《新京报》对气象版的改造，除保留气象新闻、城市表情、空气质量、升降旗等资讯信息外，更多以二维码导读方式，对新京报"我们视频"生产出的大量优质视频内容进行推荐。

---

① 《新京报编辑部谈报纸改版：报纸是一个与App不同的独立产品》，2019年6月4日，https://baijiahao.baidu.com/s?id=1635404611701158012&wfr=spider&for=pc，2023年11月20日。

2.采取视频优先战略，力推视频化转型

（1）全覆盖的视频内容生产体系

报道方式层面，新京报初步构建了立体化的内容体系。新京报推动视频表达的全部门、全领域覆盖，推动视频报道部门与现有内容团队的深度融合，在图文的基础上进行报道形式的创新，加强视频表达，包括长视频、短视频、小视频。经过数年发展，新京报的视频内容生产在传统纸媒中脱颖而出，并具备了同全国广电系统视频内容生产开展竞争的潜质。除了"我们视频"、动新闻两款在视频领域已有优势的产品之外，知道视频、一览视频栏目也脱颖而出；视频产品覆盖了报社产品的四成以上。[1]而在视频和直播外，以"图个明白"为代表的栏目则聚焦数据新闻的发展方向。新京报的数据新闻栏目很多以热点事件为切入点，再转向一些深层次的社会问题，体现"轻阅读，重思考"的特点。

值得一提的是，新京报旗下微博也多以视频的形式呈现新闻。2020年第一季度，其官博日均发博数在45~50条，其中，短视频新闻约有20条，占日发布新闻数的1/3。其余大部分新闻也均有相关配图，纯文字新闻极少。[2]微博就其自身定位来说是一个更加公开化、娱乐化的社交媒体平台，视频因其具有趣味性、多样性、可视性的特点而更加符合微博的媒介性质，新京报的这一做法也是对平台差异化运营进行深入思考的体现。

（2）模式化的视频内容生产风格

动新闻是以二维、三维动画对信息进行深入解释说明的新闻形式，让观众对新闻事件发生的来龙去脉有更直观的感受。此前，对于一些第一手视频素材难以获取或现场图像因各种原因不宜展示的新闻，文字的表达对于新闻信息的准确表述有一定的障碍。动视频通过将这些新闻的画面以动画的形式还原，减轻了受众视觉与心理上的刺激，让受众能够直观地了解新闻事件的

---

① 宋甘澍：《新京报创刊17周年，线上经营收入占比近八成》，2020年11月12日，https://www.lanjinger.com/d/147496，2023年11月20日。

② 赵乐群：《新媒体环境下〈新京报〉的媒体融合之路》，《新闻研究导刊》2020年第11期。

发展过程。在操作手法上，动新闻常常以三维动画还原事件，以二维动画科普相关知识。由于动画制作耗时耗力、影响真实还原等特性难以避免，动新闻往往不会全程采用动画形式，而是将动画与现实报道相互穿插，调和视频叙事节奏。

而"我们视频"则以直播和短视频两种分别代表"实时报道"和"快速报道"的形式对时政、社会热点和重大事件进行报道。对重大新闻事件，"我们视频"一般采用时长一两个小时的直播进行实时跟踪；而对突发性新闻，常常采用40秒到4分钟的短视频形式快速反应。两种视频形式分别通过"实时报道"和"快速报道"尽可能保证新闻的时效性，让受众掌握第一手资料。

同时，"我们视频"的直播不同于短时间的现场连线，直播时间的拉长对视频拍摄提出了更高的技术要求，促使记者向全媒体记者转型，在推进内容深度融合的同时也进一步鼓励了人才的深度融合。新冠疫情期间，"我们视频"的"出圈"栏目对张文宏医生的采访在设计时绕开信息过剩话题、弥补真正的信息缺口，在资料收集时对专业医学术语进行通俗化处理，在采访过程中面对未曾预料的采访冲突及时反映，就体现了全媒体记者专业素养与技术应用的适配。"采访内容与公众个人、家庭、社会形成高效连接，记者以科学严谨精神发挥媒体预警作用。"[①]

3.动员用户力量，拓宽内容来源

生产流程层面，随着用户从被动的信息接收者转变为主动的内容生产及发布者，许多作为信息发布权威的门户网站，如今也都在转型向UGC模式靠拢。为顺应这一潮流，"我们视频"成立了UGC运营团队拍者组，以达到服务内容、助力内容，甚至倒逼内容生产的目标。虽然素材零散、信息模糊的缺陷使得单纯的UGC无法达到新闻视频的要求，但UGC的快速反应能够与专业记者的核实采访相结合，最后再由新媒体部门进行加工和运营，从而构成新

---

① 李扬：《突发公共卫生事件视域下的全媒体记者探析——以新京报"我们视频"采访张文宏为例》，《中国广播影视》2020 年第 18 期。

京报旗下视频账号批量创造爆款产品的重要路径。在这一"报料"模式下，用户在内容生产端发挥重要作用，重塑了内容生产流程：通过收集和采纳用户所提供的视频线索与素材来源，"我们视频"团队更快获取第一手新闻现场核心画面，增加内容的多样性，把内容池子做得更大。用户也能够在专业环节上与记者协作，填补空缺、锦上添花。

基于此，"我们视频"积极推动与微博、快手等互联网平台的协作。微博是当下热点话题传播最重要的社交媒体平台，2020年底，新京报"我们视频"微博MCN矩阵共有10个账号，粉丝总数超1500万人，开创了机构媒体新闻视频微博矩阵先河。与快手的合作则既可以方便"我们视频"进行新闻的分发，其自带的社区氛围与巨量UGC内容又成了"我们视频"人物新闻故事的主要来源。快手用户通过分享提供了丰富的选题线索和真实的生活场景，记者则根据一定的新闻框架，对他们的工作、生活进行系统的编辑、整理，辅之以必要的采访，从而制作出成熟的短视频内容。

图2　左：新京报App"@新京报"选项卡；右：我们视频快手账号主页

三、面向新媒体的平台建设："借船出海"与"造船出海"

新京报全面加强了线上渠道建设，初步实现了全网络、全平台建渠道目标，包括新京报报纸、新闻App、微博、微信、抖音、快手、新京报网、千龙网、B站、喜马拉雅在内的全媒体平台已覆盖超1.4亿人次的受众。而新京报App也实现了20个频道、146个栏目、7×24小时不间断新闻推送，日均原创内容达到450条。[①]截至2023年,新京报全媒体平台覆盖2.8亿人次,日均传播流量近5亿人次。[②]这表明,在省级主流媒体与商业平台的发展模式大不相同、话语体系也存在较大差异的背景下,新京报积极入驻商业平台开展深度合作,各类媒体平台进入协同发展的状态。

1. 借船出海:全网络、全平台的渠道建设

（1）矩阵集群开拓主流社交平台

新京报微信矩阵在涵盖原有报纸内容的基础上,立足微信传播特点、用户需求、市场发展等多方面因素进行了大量原创内容的增量创新。有研究者注意到,新京报微信矩阵中的公众号在属性上可分为两类:一类带有"新京报"字样,如新京报评论、新京报书评等;一类则不带"新京报"字样,如剥洋葱、沸腾等。[③]前一类账号的内容更多是报纸内容在新媒体平台上的二次传播,后一类账号的内容则更具个性化。如果说前一类账号是传统报业在向新媒体"借船",那么后一类账号就是报社的"造船"尝试,与母报差异化明显。

成员庞大的微信矩阵通过发布垂直内容,将庞大的用户市场细分成许多细小的板块,成为新京报占领新媒体市场、增加报业竞争力的拳头产品。从另一个方向看,微信矩阵的多个细分号多点出击,也能够形成合力,共同创造并延续新京报在新媒体领域的

图3　新京报微信矩阵

①　《"新京报小屋"亮相服贸会,沉浸式体验邀观众过把"记者瘾"》,2020年9月4日,http://www.bjnews.com.cn/news/2020/09/04/765608.html,2023年11月20日。

②　张博:《优质内容建设始终是媒体发展根本》,《中国新闻出版广电报》2023年10月17日。

③　陈诗:《微信矩阵对传统纸媒的价值提升——以〈新京报〉为例》,《传媒》2019年第6期。

品牌效应。新京报原创矩阵里，政事儿、新京报官微、新京报书评、重案组37号、沸腾等诸多公号，都是同业翘楚。公众号矩阵涉及时政、评论、人物、经济、理财、时尚等各个领域，全面布局。在微信公众号发展成熟后，矩阵中的子模块拓宽传播渠道，入驻了头条号、一点号、百家号等。

新浪微博是新京报着力开拓的一个主流社交平台。2017年新京报就曾与新浪联合召开新闻发布会，签署全面深度合作协议。自此，新京报旗下运营的新媒体账号几乎全面落户新浪所属平台。借助新浪向合作媒体开放的一系列核心功能，新京报高品质内容创作的能力得到提升，结合差异化的智能分发和传播，打造移动端用户阅读体验，从而实现更人性化、更高效的内容分发和传播。

（2）"一稿多用"与区分平台的差异化运维

新京报在全领域打造客户端、抖音、快手、平台媒体号等传播渠道的同时，立足线上传播，拓宽网络传播渠道。与探索音视频产品转型的过程相协调，为满足更多用户使用习惯，立足不同的资讯或短视频平台开展差异化的运维。以2021年5月11日新京报官方账号在抖音、快手两个短视频平台及今日头条等咨询平台的内容发布情况为例。在抖音和快手两个平台，新京报官方账号发布的短视频内容高度一致，均以时事新闻为主，涵盖国家要闻（第7次全国人口普查新闻发布会、外交部例行记者会）、社会新闻（成都电梯内电瓶车爆燃事件、成都"学生坠亡"事件），另有一则纪录电影《岁月在这儿》的宣传片段。两个平台上传的视频均采取竖屏视频辅以人生配音的形式呈现，主题、风格和内容没有显著差异，基本属于"一作双用"。而在快手平台，截至2023年11月，"我们视频"的粉丝数（999.6万人）远超新京报的官方账号（417.0万人）。在内容风格层面，"我们视频"的内容相较于新京报官方账号，主题更为广泛、猎奇，淡化了官方声音的比重，娱乐色彩更为鲜明，视频的文本更为简明、直接，封面简介字体采取的鲜黄色也是快手平台文化的一类标志色。在今日头条，新京报官方账号则不发布视频作品，内容以图文为主，题材包罗万象，但与其搜狐号、腾讯新闻、腾讯看点等平台发布的文章多有重复，可见"一作多用"的情形在其对资讯平台的运营中也较为常见。

在单一平台内部，新京报旗下账号的影响力存在较为明显的"腰部塌陷"现象。一方面，新京报的平台矩阵多依托报社的单一部门（如评论部、社会新闻部、书评周刊等），不同部门的内容生产能力参差不齐，粉丝数和受众的互动数基本与作品发布数成正比。而随着新京报内部机构的调整以及工作重点的变化，个别账号（如快手平台的"重案组37号""京蜜"）甚至已经基本处于事实上的停更状态。另一方面，不同平台用户的内容需求存在差别，如"新京报书评周刊"在抖音的传播效果显著优于其发布相同内容的快手账号，可见差异化的工作思路虽然渗透进了区分平台的矩阵搭建和主体选择过程，但"一稿多用"的劣势也显而易见。

2.造船出海：与商业平台合作共建自有平台

新京报App的内容是由新京报打造，技术方面则由今日头条提供全程技术支持，采用了业界主流的技术架构和顶尖的技术标准。[①]今日头条为这款App提供了全程技术支持，从前端到后台，均采取了业界主流的技术架构和顶尖的技术标准。

技术加持为功能实现奠定基础。新京报App的"头版故事"功能是编辑部根据专业的新闻判断做出的新闻选择，而"今天5分钟热词"功能则是以算法为基础的新闻集合。2019年9月24日，新京报又与京东AI达成合作，利用京东AI自研的AI技术升级新京报新闻客户端，在App端以耳机标记的醒目形式呈现，为读者提供"听"新闻的全新体验和服务。

四、灵活的经营策略：延伸行业空间，开辟营收新路

多元业务的拓展曾出现在电商平台和各地省级媒体的合作中，该类合作表明，省级主流媒体可以借助互联网公司的技术条件，加快从信息服务向综

---

① 北京商报：《新京报 App 全新上线今日头条提供全程技术支持》，2018 年 11 月 1 日，http://media.people.com.cn/n1/2018/1101/c40606-30374943.html，2023 年 11 月 20 日。

合服务的产业升级。新京报的经营方式日益多元，既有与平台合作的"一起卖"、与政府部门合作的"振翅"、与流量艺人合作的扶贫义卖等公益项目，也大力拓展了其他新的领域与方式。

1. 开辟电商平台，激发经营活力

"媒体+电商"模式下，传统媒体尝试探索全产业链开发，进行多元化产业延伸，重建商业模式，探索资本融合新路径。[①]借助大数据、云计算等技术手段，在商品市场、社会生活资源、社会公共服务体系等多方面弥补传统媒体的缺陷和不足。特别在后疫情时期，建设电商平台能够助力产业经济复苏、打造消费新场景，在消费者与优质品牌商之间搭建一条交流互惠的渠道。这种新闻与服务相结合的举措，在用新闻信息服务来完成媒体本身的基本社会功能的同时，重在以服务来解决与用户的连接问题，实现用户价值变现和新闻业务的价值补偿与增值。

直播带货是近年最大的风口之一，新京报借助已有的电商运营经验，与地方政府和商业平台合作开展了一系列公益性质的直播带货活动。与之相伴的是功能"破圈"：新京报通过开展公益直播带货，牵线搭桥扶贫助农，发挥自身公信力、影响力、传播力优势，携手当地政府、电商平台等各方优质资源，向服务型媒体转型。[②]2020年5月，新京报联合内蒙古自治区扶贫办开展了关于"内蒙古新丝绸之路"沿线特产扶贫济困直播，直播平台除新京报App、新京报微博矩阵（新京报、新京报我们视频、新京报我们直播等账号），还有京东直播、快手、腾讯新闻等互联网平台。2020年9月，新京报与北京市扶贫办一起开展了一场公益直播，上线并售出了河北、内蒙古、新疆、河南等地的特色农产品。

2020年7月22日，新京报全新推出的电商平台"小鲸铺子"已在新京报微

---

① 崔颖：《媒体深度融合的产业模式与路径探索》，《新闻爱好者》2019年第2期。
② 刘颖：《深融背景下传统媒体"破圈"传播路径选择——2020年新京报五个创新案例浅析》，《中国记者》2021年第2期。

信公众号以及小程序两大渠道正式上线，这是新京报社推动全面转型、在经营领域的一个有益尝试。此外，新京报于2020年8月6日推出的独立财经新闻平台贝壳财经也是一个基于互联网的内容原创平台，将自身定位从"时代的记录者"转换为"市场的服务者"，意图在高举新京报原创特质和调查精神的同时，发布适宜移动传播的产品形态。

2. 稳抓内容版权，健全营收机制

新京报以优质原创内容为依托，打造内容分发平台，为报业盈利。立足内容，深耕市场，不仅满足了微信矩阵自身的信息发布需求，还构筑了优质原创内容分发平台，实现内容价值最大化。从2015年开始，新京报以稀缺的原创内容生产为条件，提升了与其他新媒体平台和客户端的合作价格，持续为门户网站提供原创内容，版权收入的大幅增加成为报纸盈利的重要抓手。2019年，新京报与IC photo达成图片战略合作协议，旨在应对社交媒体时代图片行业格局的迅速变化，双方在正版图片的版权代理、版权保护等领域展开合作并在内容产品变现模式上进行了有效的探索。

由此可见，新京报的版权维护运营特点，主要表现在集中管理、强力维权、运营灵活等方面。新京报的版权维护与运营由专门的关联公司负责，将新闻产品转化为可交易的数字资产，并且区分新闻内容的不同形式进行分类定价。而对日常版权的维护则抓大放小，重点关注知名商业网站，预先锁定大客户进行谈判以稳定营收。在版权谈判策略方面，有"版权斗士"之称的新京报则会根据相关方体量灵活定价，鼓励版权经营人员主动出击。

五、新京报深度融合模式中的经验与问题

作为正在探索新型主流媒体建设的老牌传统纸媒，新京报在与商业平台的广泛合作中逐渐走出从"借船出海"到"造船出海"的转型路径，为追求融合发展的同类媒体提供了可资借鉴的经验和教训。

1.新京报处理竞合关系的启示

其一，优化媒体生态，聚焦线上传播阵地，优化线上线下全媒体传播体系矩阵建设。具体策略上，新京报一方面保持内容生产定力，增强原创生产能力，巩固视频优先战略，丰富产品形态，将纸媒优质内容与新媒体相关联，实现图、文、视频、音频全方式生产，可视化产品比例不断提高；另一方面力推内容生产品牌化、品牌栏目强IP化，立足地方特色，放眼大千世界，在财经、金融、科创、文旅等全方位多层次开展了垂直领域的探索，用细分产品凝聚受众，通过品牌化运营提升整体的话语权和影响力。

其二，智造App，"开门办媒体"，在新闻生态系统中发掘商业平台和海量用户两个重要主体的积极性。一方面，移动互联网技术对媒体行业的重塑作用越发显著，移动网络服务的硬件厂商和软件服务商在过去一年中均积极推进与省级媒体的合作，这既是互联网平台实现自身内在合法化需求的要求，也呼应了"流量自由"时代媒体内容视频化的产业趋势，新京报自有平台正是在与互联网公司的紧密合作中搭建的；另一方面，新京报特别重视网上社区运营，不断加强与平台用户的互动，优化面向用户的链接与服务。在"UGC+报料"模式下，用户在内容生产端发挥重要作用，重塑了内容生产流程。

其三，全面推动报社经营"脱报向网"，积极探索、形成线上网上云端的经营变现能力。一方面，新京报实行内容产品化战略，主动同互联网平台沟通谈判，以稀缺性为条件提升新闻价格，最大限度发挥版权价值，弱化报社经营活动对线下渠道特别是报纸的依赖，深化与既有合作伙伴的战略合作关系；另一方面，灵活运用本地资源，开辟自己的电商平台激发经营活力，用"媒体+电商"等方式开拓多元经营途径，进行多元化产业延伸，通过"京蜜·北京生活美学"项目，"舞动京城"项目也实现了对本地生活资讯和社区服务的初步探索。

2.新京报转型路径中的问题

首先，矩阵规模庞大，内部发展不平衡。新京报旗下各账号在不同平台均显现出一定程度的"头部效应"和"顶端优势"，账号数量众多，但存在"腰部塌陷"的情况，且有"偏科"的趋势。同一账号在不同平台上的传播效果可能存在较大差异，一定程度上要求同一内容部门根据不同互联网平台的属性与规则作出差异化调适，目前而言针对性的分发和运营还有上升空间。

其次，新闻内容生产模式有待改进。新京报内容生产有固定的模板，特别是视频作品具有模式化的特点，在时效性、接近性上具备比较优势。[1]但近两年也暴露出一些问题，例如采编人员有时为追求新闻发布速度，致使内容粗糙；有的新闻选题并不适合情景再现，出现二次伤害等问题；模式化的视频生产，十几秒甚至几秒的核心画面可以不断循环，用一个核心画面戳中人心的做法迎合了短视频生态中受众的心理，但影响了视频内容的质量和长远吸引力。

最后，线上传播尚需严控内容导向关、质量关。受到资本力量潜移默化的影响，事实核查与舆论导向层面存在的问题对新京报的媒体形象和整体公信力造成一定的负面影响。视频优先战略下的内容形态及重视用户的新闻线索来源策略与新京报先前倡导的传统宗旨存在天然的偏差。

3."新闻+短视频"：竞合视角下首都主流媒体的发展前景

回应主流媒体为何要借船出海的问题，要考虑到主流媒体在互联网移动传播时代转型实践的多层掣肘因素。由于缺乏互联网思维和技术力量支持，早期媒体始终以"+互联网"思维进行互联网转型，平台运营成本大、媒体投入不足就使得平台难以汇聚有效的资源。在此背景下，微小平台建设过多，各自为政，难以形成大平台效应。但主流媒体"借船出海"存在不可规避的风险，没有主流媒体自主可控的平台，直接影响话语权、主流舆论把控力的争夺。[2]此外，主流媒体的品牌形象构建和影响力及内容变现的能力也很难在

---

[1]　刘聪、杨荔圆、张盟：《媒体融合下新京报发展状况分析》，《北方传媒研究》2019年第3期。

[2]　宋建武：《没有自主可控的平台，就没有主流媒体的一切》，《青年记者》2019年第10期。

互联网平台的单方面内容发布中得到提升。

　　具体到首都媒体，技术层面的合作是新形势下一个不容忽视的路径，它将媒体拓展到平台之外，媒体与互联网平台的合作也在向补齐自身短板的方向发展。与个性化推荐平台的资源整合也是过去一年以新京报为代表的北京市属媒体与互联网公司的合作重点，相比于传统媒体在分发平台上开通官方账号的合作方式，内容产出的价值得到更多维度的开发，互联网平台的技术优势也逐渐从分发环节上溯到生产环节。在实践中，新京报力推的"新闻+短视频"可以实现渠道、场景、体验方面的革新；而"新闻+音频FM""新闻+社交平台""新闻+金融/医疗等平台"等模式也反映出主流媒体的多元探索。主流媒体要进一步提升面向互联网的内容生产能力、分发能力和运营能力，注重呈现形式的互联网化，与互联网资讯分发平台维持合作，同时建立一个到多个自主分发渠道，完善自主信息推送能力，发挥区域性媒体平台的内容聚合作用，实现内容创意与商业服务的整合运营。

　　此外，还有一个值得考虑的问题是省级主流媒体如何发挥优势，利用新技术、新平台探索符合本地特色的转型之路。习近平总书记视察解放军报社时强调，读者在哪里，受众在哪里，宣传报道的触角就要伸向哪里，宣传思想工作的着力点和落脚点就要放在哪里。[1]省级媒体具有一定的地域属性，其与商业平台的合作是因地制宜的，合作的重点、方式、方法差异性很大。而且，除了少数省份的少数媒体，省级媒体的自身资源与力量有限；商业平台一般是全国性的，整体上展现出优势地位。由于省一级的平台很难锁定某一个特定用户的需求，未来新京报的运营模式需要进一步聚集本地区内的优质内容创作者，利用矩阵化的宣传动员UGC用户，聚合海量稿件，进一步放大主流宣传声量，形成主流价值的下沉传播。

---

[1]　《习近平：坚持军报姓党坚持强军为本坚持全新为要　为实现中国梦强军梦提供思想舆论支持》，《人民日报》2015年12月27日，第1版。

第三节　北京青年报：强化时政与服务社区
的都市报"立体化"转型

都市报是媒体生态中的重要成员，其社会地位经历了历史性的转变。20世纪90年代至21世纪前10年是都市报发展的黄金时期，它们发挥了重要的舆论监督和社会服务功能。但是此后，由于媒体环境变革、媒体技术变迁、新闻用户阅读习惯改变、传媒人才流失、媒体营收困难等众多外部和内部因素的共同作用，大多数都市报已光辉不再。在如今媒体深度融合的背景下，有学者将都市报在内的地市级媒体比喻为"腰部媒体"，认为它们深处中央、省级"头部媒体"和县级"尾部媒体"的双重夹逼之中。[1]在这一困局之中，都市报不断进行自救式探索并积累了一些成功经验。

都市报是市场化的经济主体，商业盈利状况关系着其在市场竞争中的存活问题，而在媒体深度融合的政策红利之下，都市报的媒体特性使其在融合发展过程中更具积极性和敏锐性。北京青年报是都市报中的典型代表。它起源于1949年，是一家具有较长历史沿革和鲜明特色的媒体。自2014年媒体融合上升为国家战略以来，北京青年报积极响应，依托其一以贯之的内容特色，在新闻生产与平台运营方面展现出较高的灵活度，通过"向上生长""向下扎根""向宽延伸"，探索了一条"立体化"的融合之路，在媒体深度融合中迈出了坚实的一步。

一、立足北京青年报：以纸媒改革带动机制变革与产品创新

在新媒体环境下，纸媒的发展空间愈加狭小，面临惨遭淘汰的局面。这

---

① 郑雯、张涛甫：《媒体融合改革中的"腰部塌陷"问题》，《青年记者》2019年第25期。

一方面表现为纸媒纷纷休刊、停刊。据不完全统计，2009年至今已有超过100家报纸停刊休刊，这一数字仍然在逐年递增。2019年，34家休刊停刊的报纸中有29家是都市报。[①]另一方面，传统纸媒也在通过变革谋求出路，甚至报社全员向新媒体转型，如《东方早报》《新京报》等。

在以上背景下，北京青年报作为一家都市报却反其道而行之，其在深度融合道路上仍然重视报纸在新媒体环境下的发展，并以纸媒的改革促进报社内部的体制机制创新以及媒体产品更新。

战略层面，在新媒体环境下坚持办好《北京青年报》这份报纸成为北京青年报社编委会的共识。2019年，报社编委会基于《北京青年报》提出"移动互联网条件下的精致阅读"这一口号。这反映出两个层面的考量。第一，即使越来越多的用户通过社交媒体获取新闻，但是依旧有一部分人是报纸的忠实用户，而这一战略有助于提升该部分用户的留存率；第二，报纸的质量、品牌形象与新媒体的内容质量、新媒体平台的影响力相互作用，并且纸媒可以为新媒体发展提供内容基础。

生产机制层面，北京青年报设立了报版编辑中心统合内容生产，并且强化了编委会的指挥领导作用。报版编辑中心由1位主编、3位副主编、8位编辑组成，他们在统筹策划、舆论把关、新闻选题、稿件编辑、版面设计、组版等多项工作中分工协作，避免了重复劳动，有效提高了工作效率。此外，编委会也负责制定绩效激励政策并根据现实情况做出调整。例如，报社编委会在2019年规定，报纸的供稿频道每天至少见报一条3000字左右的长稿、一篇1500字左右的次长稿，如按要求完成则获得相应绩效，否则记者的收入将受到影响，不过这一激励措施最终并没有实施，原因在于内容生产团队的积极性已被充分调动，报纸的长稿始终供不应求。[②]

内容层面，《北京青年报》以深度报道、新闻评论、人文副刊为发展重点。

---

①　陈国权：《寻找"非市场需求"——2019中国报业转型发展报告》，《编辑之友》2020年第2期。

②　田科武：《精致阅读：移动互联网条件下的纸媒价值跃升》，《新闻战线》2020年第7期。

其一，报纸编辑中心要求每日的报纸均需刊登篇幅较长的深度报道，从而引导公众在相关事件中进行理性与深入的思考。其二，《北京青年报》注重言论建设，其第二版"青评论"在内容上紧跟国内外时政要点并和读者生活密切相关，获得了社会认可。不仅如此，2018年，评论员樊大彧撰写的文章《不因唱衰而忧，不因看涨而乐》获第28届中国新闻奖二等奖；2019年，评论员潘洪其撰写的文章《以法律利器狠刹"戏说英烈"歪风》获第29届中国新闻奖三等奖。其三，《北京青年报》始终重视对于副刊的建设。随着纸媒的衰落，众多报纸减少了副刊的人员投入和资金投入，而《北京青年报》"天天副刊"并没有裁撤版面，始终保持周一至周五的稳定更新频率。以上内容虽然类型不同，但是报纸编辑中心的统一要求是，话题必须和读者息息相关，内容不能停留在对现象的描述，而要进行深入的解读和分析。

立足于《北京青年报》的机制改革与内容特色，报社不断推进新媒体平台建设，诞生了一批新媒体产品。2022年4月21日，北京青年报社与新浪微博举行战略合作签约仪式，这是北京青年报社在媒体融合道路上的一个标志性事件。①

其一，2018年12月，北京青年报社基于《北京青年报》等纸媒内容，推出了"北京头条"新闻客户端。该客户端是集文字、图片、音频、视频于一体的新型传播平台，它突破了传统媒体单一的文字加图片的传播模式。在传统纸媒内容优势的基础上，"北京头条"新闻客户端开设了"教育""时尚""汽车""广厦"等生活频道，开设了"国际""体育""法制""社区""评论""人文"等新闻资讯频道。

其二，报社基于纸媒开设微信公众号，深度和垂直成为这一新媒体矩阵的特色。

首先是深度。北京青年报具有重视深度报道的历史传统，其在20世纪90年代初推出"青年周末""新闻周刊"两款以深度报道见长的重要产品。如今

---

① 刘砥砺：《北京青年报：面向"Z世代"的探索与转型》，《中国记者》2022年第6期。

这一传统和优势延续到新媒体端，"北青深一度"成为北京青年报深度报道的重要品牌。其关注社会热点和复杂的民生问题，在报道中强调多样的框架与扎实的采访，目的是呈现社会的多元声音，促进公众的理性思考。这一特点尤其体现在"北青深一度"关于新冠疫情的报道之中。团队第一时间成立报道小组，在工作中强调团队的合作与协调，注重选题的公共价值与人文关怀，要求内容兼具深度与速度，由此生产了一批有影响力的作品。[1]

其次是垂直。在传统纸媒内容优势的基础上，北京青年报开设了微信公众号"教育圆桌""职人职说""北青影像""北青艺评""北青体育""北青房产"等。垂直类微信公众号中的内容质量参差不齐，传播效果差异较大。其中，于2014年5月8日上线的"教育圆桌"影响力相对突出，它由北京青年报与北京市教委联合运营，内容以发布教育类资讯、解读教育政策为主。"教育圆桌"的内容在选题、形式、表达等方面顺应了新媒体传播规律，体现出一定特色。例如其在2021年2月27日发布的《开学倒计时！宇宙最爆炸酷炫的寒假作业来啦！看完心态崩了……》一文由四位记者共同完成，内容涉及对多所中小学学生的采访，同时涵盖图片、视频、音频以及投票互动等多种形式。除了这类具有一定影响力的新媒体产品外，北京青年报旗下部分垂直类微信公众号业已暂停更新，如"医心医意""老北京城新生活"等。

二、"向上生长"：北京青年报的时政新媒体探索

起初，北京青年报提出的"向上生长"理念指的是纸媒内容全面接入新媒体。然而，随着新媒体新闻生产常态化，"向上生长"的内涵逐步由侧重新媒体平台的数量向侧重新媒体内容的质量转变。

这方面的典型是北京青年报在新媒体环境下着力探索都市报报道时政新闻的新路径，将时政新闻打造为北京青年报的"龙头"产品。一般而言，都市报以报道民生新闻见长，对于时政新闻往往采用转载和复制的生产模式，

---

[1] 朱冬松：《北京青年报重大主题报道的融媒实践》，《中国记者》2020年第9期。

目的是弱化其在消息源上的劣势以及降低政治风险。而北京青年报在发展民生新闻的同时不断尝试突破内容舒适圈，并以相对巧妙的方式触及时政新闻这一"高大上"且具有一定难度的报道领域，形成了时政新媒体的特色品牌。

第一，北京青年报以清晰的时政内容定位、丰富的时政新闻类型，形成了时政消息、时政知识、时政解读、时政评论多元一体的时政内容特色。并且由于北京青年报抓住了微信公众号的红利时期，这一时政新媒体矩阵创办之初就获得了较高的关注度。

一方面，北京青年报于2014年推出"政知"系列微信公众号，具体包括"政知见"（2017年前名为"政知局"）、"政知道"、"政知圈"，目前其粉丝数总量已超过100万人。在内容方面，"政知见"主打原创时事解析，强调提供有温度的时政新闻故事；"政知道"力推时事常识，揭秘新闻幕后的故事；"政知圈"关注时事新闻中的政治人物，擅长分析人物履历。不过在具体运营中，政治人物均是三个微信公众号新闻报道的切入点和关注点，并且三个微信公众号偶尔存在选题重合的现象，内容区隔度不够。在内容更新频率方面，三个微信公众号基本保持每日更新1次、每次更新1～2条内容。在微信文章传播效果方面，"政知"系列微信公众号的传播数据起伏较大，并且"政知道"和"政知圈"的传播数据相较于"政知见"偏低。总体而言，"政知"系列微信公众号提升了时政新闻的可读性与生动性，降低了用户解读时政新闻的门槛，发挥了促进时政知识传播、提升读者政治素养的作用。

另一方面，北京青年报注重在新媒体端发展时政评论类产品，并形成了"团结湖参考"这一品牌。"团结湖参考"微信公众号隶属北京青年报评论部，创办于2014年。在创办初期，该公众号推出了三篇关于反腐败的评论文章，3天内粉丝数增加8万人，单篇最高阅读数高达180万人次，创下了微信平台的多项纪录。[1]经过几年的发展，目前"团结湖参考"进入了相对稳定的运营状

---

[1] 蔡方华:《用"信达雅"的方式传达主流价值——团结湖参考的转型之路》,《新闻战线》2016年第9期。

态。在理念上，该公众号强调具有洞见的观点，正如其宣传的"团结湖不是中南海，但能看见长安街，如果眼神够好，还能看到辽阔的大陆"。在内容上，该公众号不仅关注时政新闻、解读国家政策，而且关注社会热点，注重解读和公众日常利益相关的新闻事件，例如教育、房价、环保等问题。在更新频率上，该公众号保持每周更新1～2次，每月更新10次左右。在传播效果上，该微信公众号的传播数据有所起伏，单篇文章的传播数据在1万到10万+不等。整体而言，该微信公众号在梳理新闻事件的过程中输出新闻观点，擅长在横向与纵向的对比中呈现新闻事件的社会意义，有助于通过理性与冷静的分析发挥媒体的舆论引导功能。

第二，北京青年报旗下的时政类微信公众号不断拓宽内容出口，目前已入驻今日头条、腾讯新闻、网易新闻、搜狐新闻等第三方平台，实现了从微信公众号向各类平台型媒体的扩张，有效扩大了时政内容的影响范围。在实践中，各时政新媒体首先在微信公众号中发布相关内容，进而再上传各平台型媒体，目的是以优质的内容激活不同媒体的功能和覆盖范围，使其内容和观点在互联网中充分流动，实现多平台联动传播。

在内容上，"政知"类微信公众号和各平台型媒体中的内容具有较高的同质性，标题和内容未根据平台特性进行调整与编辑。然而事实上，不同的平台型媒体具有不同的"调性"。例如，微信文章的标题相对短小，多采用设问和传播情感的策略，而今日头条中的标题较长，注重传递更多新闻信息。因此，将同一新闻事件和新闻素材，经过不同的加工和包装投放于不同平台，更有助于产生联动效应，扩大新闻的扩散范围。

在传播效果上，通过对比北京青年报时政类新闻产品在今日头条和腾讯新闻两个平台上的传播数据可以发现：在今日头条中，"政知"系列新媒体采用了整合传播的模式，相对而言获赞与粉丝数较多；在腾讯新闻中，"政知"系列新媒体产品采用拆分传播的模式，不同的账号传播效果比较平均但也有所差异。以上数据与其他媒体的同类产品相比（如北京日报旗下的"长安街知事"等），北京青年报的时政新媒体产品在第三方平台的传播数据处于下风。这可能与新媒体平台的运营人数、内容更新频率以及特点有关。

表2 北京青年报时政类新闻产品在两个平台的传播数据对比

今日头条（截至2023年11月22日）			腾讯新闻（截至2023年11月22日）		
账号	获赞（次）	粉丝（人）	账号	获赞（次）	粉丝（人）
政知新媒体	5680万	594万	政知道	23.1万	28.8万
团结湖参考	43万	16万	政知圈	16.5万	47万
			政知见	112万	63万
			团结湖参考	6.3万	2.6万

三、向下扎根：以社区新闻与社区服务为特色

2012年，北京青年报提出了社区传媒的理念，做出了成立北青社区传媒的决策。北青社区传媒既是北京青年报融合转型的产品，也是一个创业公司。经过多年的实践探索，北京青年报立足社区，形成了社区新闻与社区服务两大特色，打通了媒体与社区居民的"最后一公里"。

北京青年报的尝试同样得到了社会的认可。2018第三届中国传媒创新峰会上，北青社区传媒入选传媒创新经典案例40强，并获得2018中国传媒项目拓展创新奖。[①]

1. 社区新闻

社区新闻是北京青年报近几年的重要发展方向。北青社区报作为都市报主导的社区媒体，其生产逻辑实质是都市报的线性延长，这也凸显其优势所在，即规模化的人员、设备、生产流程、品牌等既有的媒体资产向社区报流动，[②]这为社区报的发展提供了便利条件。

通过多年发展，北青社区报传播范围覆盖了更小的地理单元，建立了一个更为密集的传播网络。具体而言，2013年9月北京社区传媒在顺义创立了第

---

① 搜狐：《北青社区传媒入选传媒创新经典案例40强，并获得2018中国传媒项目拓展创新奖》，2018年6月7日，https://www.sohu.com/a/234442995_99906371?qq-pf-to=pcqq.c2c，2023年11月20日。

② 王斌：《中国社区报的现实需求与发展潜质》，《新闻战线》2014年第1期。

一份社区报。在此之后，北京青年报相继推出了《北青社区报太阳宫版》《北青社区报长阳版》《北青社区报亮马河版》《北青社区报宋家庄版》《北青社区报通州版》《北青社区报朝青版》《北青社区报劲松版》《北青社区报海淀版》《北青社区报上地版》《北青社区报三间房版》《北青社区报望京版》《北青社区报北苑版》《北青社区报大兴版》等。

在内容上，《北青社区报》力求打造有温度的新闻。社区报的记者注重与居民实时沟通，关心社区居民的生活日常并从中挖掘有价值的各类新闻。例如在疫情防控常态化的背景下，《北青社区报》关注社区中的好人好事，报道社区中的"暖新闻"。同时，《北青社区报》关心各项政策在社区的落地情况，注重社区居民的反馈。此外，《北青社区报》充分考虑社区居民感兴趣的新闻话题，例如其开设了健康专版普及健康知识等。整体而言，社区报的内容比较"接地气"，体现了记者在挖掘与讲述新闻故事方面的优势。

在新媒体端，目前《北青社区报》注册开通的微信公众号有32个。在内容上，各微信公众号定期发布社区中的新闻，转发天气预报、招聘启事等实用信息，也会转发或者编辑北京市的相关新闻。多数微信公众号保持每日更新的频率，每次更新4条内容左右。在传播数据方面，不同社区报的微信公众号传播效果差异较大，单条新闻的阅读量从几百次到几千次不等。相对而言，《北青社区报顺义版》微信公众号更加成熟。不仅如此，顺义版还开发了微信小程序，其在技术上和形式上的探索值得肯定，但下一步需要思考如何提升小程序中的内容更新频率，如何提升用户的黏性、用户活跃度等。

2.社区服务

一直以来，都市报的定位是服务当地，它们大多尝试将本地化内容和社会化服务相结合，建立"本地+服务"的运营模式。《北京青年报》作为一份都市报也不例外，而北青社区传媒主要承担了这一职责，不断尝试将服务下沉到社区。

北京青年报在社区服务方面的第一个亮点是"OK家"服务平台。目前"OK家"服务主要依托微信公众号实现，具体的平台包括"北青OK家优选""北青OK家优选服务平台""OK家服务号""OK家社区传媒"等。其中，"北青OK家优选"每日更新京津冀地区的美食、旅行等方面的优惠活动，致力于满足人们对于美好生活的追求。"北青OK家优选服务平台"同样关注北京当地人民的吃穿住行，但它以周为时间单位进行更新。"OK家服务号""OK家社区传媒"已于2020年停止更新。

北京青年报在社区服务方面的第二个亮点是社区驿站。北京青年报在2013年至2014年社区"O2O"发展的风口上，积极开拓媒体社区服务业务，而社区驿站是其中的一个重点项目。自开始运营至2018年，北青社区驿站已建成130家，累计为北京60个生活圈2000多个主流中高档小区的社区居民提供了服务。[1]北青社区驿站的功能主要在于两个方面：一是提供收发快递、打印、代缴水电费、一卡通充值等服务；二是组织社区活动，如名厨教做菜、夏至画团扇、体验净水机、立夏写小诗、邮轮游讲座、老年手机培训班、亲子教育讲座、免费理发、居民教居民素描、免费领春联等。[2]

整体而言，北京青年报依托北青社区传媒打造了社区生活服务的O2O平台。这一实践有助于促进媒体与社区的良性互动，加强媒体与社区以及个体的连接，优化媒体的社会服务功能。

四、向宽延伸：新闻业务与媒体经营的探索

近年来，北京青年报在已有业务的基础上不断探索，拓宽了其在新闻业务与媒体经营方面的触及范围。

1. 新闻业务：聚合思路下的文字新闻与视频新闻

聚合是媒体深度融合中的一个重要思路。北京青年报在这一思路指导下的具体操作体现在文字新闻和视频新闻两个方面。

---

[1]　田科武：《〈北京青年报〉社区传媒的探索与思考》，《教育传媒研究》2018年第3期。
[2]　田科武：《〈北京青年报〉社区传媒的探索与思考》，《教育传媒研究》2018年第3期。

首先是文字新闻的聚合。这一方式是目前媒体平台化的一项重要尝试，它有助于通过海量的内容吸引更多用户。Web 2.0时代的新闻网站是这一思路的体现，北青网即为例证。2016年，北青网日浏览量达到4000万人次，荣获了由中央网信办官方杂志《网络传播》评选的"2015—2016年度省级网站传播力十强"称号。[①]近几年，北京青年报打造的"北京头条"新闻客户端、"北青号"同样也是聚合思路的体现。

其次是视频新闻的聚合。北京青年报采用转发和自采的形式推进直播和视频业务。一方面，北京青年报在"北京头条"新闻客户端中开设"视频"栏目，通过转载央视等平台的视频新闻保持一定的更新频率；另一方面，北京青年报同样生产部分原创类短视频新闻。2019年以来，北京青年报在多个平台上搭建了"青流视频"。编辑对视频剪辑和加工后上传至抖音、快手等平台，以故事化的短小型传播提升了用户的接受度。

2.媒体经营：聚合类的盈利策略

媒体的营收状况与媒体的生存质量密切相关。多数都市报缺乏结构性转型的能力，无法在转型困难时获得地方政府足够的财政支持，因而面临退出市场的风险。[②]而北京青年报充分利用财政拨款的同时，通过与不同行业的联合碰撞出了更多盈利的可能性，提升了与市场的连接度。

北京青年报制定了"1+7"的经营战略。"1"是北青品牌，"7"是北青集团的七大业务板块，包括数字传媒、社区传媒、物流产业、影视产业、体育产业、教育产业、旅游产业。不同板块有不同的创收方式。例如，教育板块中的"教育圆桌"定期举办小记者团、圆桌大讲堂等活动创收。同时，北京青年报通过旗下的北青教育传媒大力发展北京国际青年营。这是一个国际化的专业青少年户外营地教育品牌，目前已在密云、顺义、大兴、朝阳、海淀

---

① 沈峥嵘：《北京青年报社媒体融合的实践与思考》，《传媒》2018年第8期。
② 张志安、姚尧：《都市报融合转型的三种路径及其影响研究》，《新闻与写作》2019年第10期。

等区建成11个营地。在体育业务方面，北京青年报拥有女子WTA皇冠明珠赛和男子ATP世界巡回赛500赛的赛事举办权，它们是北京市重点打造的"百年赛事"；在影视方面，北京青年报相继投拍了《正阳门下》《北平无战事》等影视剧，尝试开发《网红制造》《妖出长安》等网剧，取得了一定经济效益。[①]

五、北京青年报深度融合的未来发展方向

随着媒体融合进入深水区，媒体的融合实践尤其需要避免浮于表面、流于形式。而北京青年报在内容、产品、分发、经营等方面的尝试为众多都市报提供了经验。不过，为了更好地服务于国家媒体深度融合的大局，北京青年报还需进一步优化媒体融合成果，打造都市报深度融合的样本。

1.战略布局：调整产品结构，优化媒体管理机制

北京青年报未来应继续优化产品结构，适当调整产品布局。目前北京青年报旗下的新媒体产品众多，但是真正的现象级产品比较缺乏。根据新榜单，北京青年报旗下的微信公众号共有50个，北京日报报业集团旗下的微信公众号有22个，新京报社旗下的微信公众号有29个。对比来看，北京青年报开设的微信公众号数量远高于其他北京市市属媒体甚至中央级媒体。但是从传播效果上看，《北京青年报》开设的部分微信公众号传播范围有限、成效甚微。可见，账号多且比较分散，反倒不利于提升新闻传播的效果。

媒体深度融合不是简单地累加新媒体账号的数量，因此未来报社可以形成对新媒体平台的统一管理，避免各个新媒体平台各自为政，进而激活优质内容的能量。曾经北京青年报采取的激励措施是微信公众号每涨1万粉丝就给团队奖励1万元[②]，新闻从业者为了更高的收入纷纷投身账号建设中，这一策略也和北京青年报具有众多下属微信公众号不无关系。然而当前已不是互联网

---

① 吴鑫、赵媛媛：《"1+7"战略：北青报转型的多战场布局》，《青年记者》2017年第19期。

② 万小广、蒋玉鼐：《一个时政类微信公号如何获得三十万粉丝——对话"团结湖参考"创始人兼主编蔡方华》，《中国记者》2015年第12期。

内容"野蛮生长"的年代，尤其在人力和资金有限的情况下，在融合中追求"多而全"的新媒体产品并不一定是最合适的策略。更合理的做法是，媒体应实现人力、技术、资本等资源的合理配置，解决资金投入不足、技术供给不足、人员结构不合理、采编力量相对分散的问题。针对部分尾部产品，媒体也需要有所取舍。一是及时淘汰尾部产品，避免人力资源的浪费；二是及时注销已经停止运营的新媒体平台，以免在用户心中形成负面印象。

2. 内容融合：提升新闻垂直度，加强专题报道策划

截至2023年6月，我国网民规模达10.79亿人。[①]互联网充分激活了这些网民的内容需求，但他们的需求"痛点"是具有差异性的，垂直化内容仍然是未来的蓝海市场。内容的垂直化和分众化可以提升新闻传播的针对性，新闻平台也可以收获一部分相对专业、黏性较高的用户，传播效果的稳定性也相应有所保障。

对北京青年报而言，优化媒体内容的一个方向是提升垂直度，这有助于放大传统媒体的内容优势，做到在内容深度融合中突出亮点。北京青年报虽然采取了垂直化的内容生产策略，但未来仍需进一步深化。具体而言，报纸的内容主题和微信公众号的主题具有较高的重合度，如报纸中教育、就业、体育、文艺等不同领域的内容纷纷对应一个微信公众号。这一思路使编辑记者兼顾纸媒与新媒体端的生产，然而在工作人员数量有限的情况下，并非全部微信公众号均取得了理想的传播效果。这也进一步说明，垂直类新媒体需要较为完善、专一的内容生产团队。因此对于众多垂直类账号而言，生产与运营团队需要扩张，工作人员在内容选题上亦需要投入更多时间精力，将用户的内容偏好与新闻从业者的专业判断相结合，充分挖掘与凸显本地特色，用本地化的内容引发读者的情感共鸣，从而更好地发挥价值引领与舆论引导作用。

[①] 中国互联网络信息中心：第52次《中国互联网络发展状况统计报告》，2023年8月28日，https://www.cnnic.net.cn/n4/2023/0828/c88-10829.html，2023年11月20日。

对北京青年报而言，优化媒体内容的另一个方向是加强重大专题策划，重视依托于新媒体技术的"融合+创意"型表达。借助重要的时间点和重大新闻事件，媒体更容易打造具有传播力的"爆款"融媒体产品。因此在可预见的重大报道方面，北京青年报可以在前期策划、中期制作、后期宣传等方面投入更多人力和财力。在部分重点融媒体产品上，报社可以采用项目制，会集高度相关的工作人员。针对技术上的不足，报社可以采用技术外包的模式。在日常工作中，报社可以定期组织新媒体新闻从业者学习行业内的典型案例，将前沿的技术与形式融合进报社的亮点选题与优质内容中。

3.平台融合：反思新闻分发模式，强化"两条腿走路"

新闻分发的"两条腿走路"策略最初由人民日报新媒体提出，它具体指的是媒体自建平台分发新闻与利用第三方平台分发新闻并行。在这一策略的指导下，人民日报新媒体充分认清不同分发渠道的优势并加以利用，这使平台之间互相借势，形成了传播的合力。[①]北京青年报同样尝试使用这一策略，然而其"两条腿"均不够"强健"。

一方面，"北京头条"新闻客户端这一自建平台仍然处于发展阶段，其在内容与功能等方面均有待完善，新闻分发效率也有待提升。在分发内容时，"北京头条"新闻客户端采用人工分发的模式，并未引入算法推荐机制。在运营上，"北京头条"新闻客户端也尚未引入目前流行的"新闻+政务+服务"的模式，其具有特色的社区服务功能也未置入客户端内。特别是，客户端已经进入了"优胜劣汰"的自然净化状态。根据第46次《中国互联网络发展状况统计报告》，截至2020年6月，我国App数量有359万款。[②]而在2023年8月第52次《中国互联网络发展状况统计报告》中，我国国内市场上监测到活跃的App数

[①] 梅宁华、支庭荣主编：《中国媒体融合发展报告（2020）》，北京：社会科学文献出版社，2020年。

[②] 中国互联网络信息中心：第46次《中国互联网络发展状况统计报告》，2020年9月29日，https://www.cnnic.net.cn/NMediaFile/old_attach/P020210205509651950014.pdf，2023年11月20日。

量仅为260万款。[1]新闻客户端作为客户端的一种，"优胜劣汰"的结果同样无法幸免。因此，"北京头条"新闻客户端还需进一步从不同方面提升其独特性，增强其在同类产品中的不可替代性，从而提升该新闻客户端的下载率、打开率、分发效率。

另一方面，传统媒体入驻各类商业平台已成常态，北京青年报亦通过第三方商业平台分发新闻，未来可以进一步提升不同商业平台上的内容区隔度，针对不同平台的内容特点进行差异化编辑和传播。目前北京青年报旗下的各子产品大多入驻今日头条、腾讯新闻等平台，但是若将针对微信公众号生产的内容原封不动照搬到其他平台上，无法使内容创造更大的价值。以"政知新媒体"微博为例，在微博这一强调互动的新媒体平台上，其虽然有308余万人的粉丝基数，但是大多数内容的点赞量、评论量、转发量均为个位数。这一现象产生的原因在于不同的第三方平台用户有不同的偏好，这也是媒体从业者经常强调的"调性"不同。对于人力和财力有限的都市化媒体而言，如何针对纷繁复杂的第三方平台进行差异化传播、充分释放内容的能量，需要进一步考量。

4.媒体服务：线上线下并重，满足用户需求

在用户地位上升的背景下，媒体深度融合成为一个从最大化传播效果到系统化提升服务能力的转型过程，"服务"逐渐上升为媒体融合成效的一个新的评价标准。[2]

北京青年报的媒体服务功能主要体现在社区传媒与新媒体产品中。在社区传媒方面，随着媒体融合与区级融媒体建设推进，社区新闻与社区服务成为各大媒体融合发展的途径之一，而北京青年报作为先发力者本就有一定经验积累，未来可以继续采用线上线下并重的策略，进一步精准发现用户"痛

---

[1] 中国互联网络信息中心：第52次《中国互联网络发展状况统计报告》，2023年8月28日，https://www.cnnic.net.cn/n4/2023/0828/c88-10829.html，2023年11月20日。

[2] 姬德强、朱泓宇：《传播、服务与治理：媒体深度融合的三元评价体系》，《新闻与写作》2021年第1期。

点”，提升服务品质。具体而言，北京青年报可以根据不同社区的人口结构开展有针对性的民生服务、特色活动、公益互动等，密切与社区居民的联系，从而提升用户对媒体的认同感。在新媒体产品中，北京青年报可以在新闻客户端与微信公众号中整合部分日常服务功能，满足用户日常生活需求，尝试打造智慧社区，拉近媒体与居民的距离，提升居民的生活品质。

第四节　北京广播电视台：从推动移台入网到构建智慧广电

一、北京广播电视台媒体融合的发展阶段

北京广播电视台是2010年5月由原北京北广传媒集团、北京人民广播电台和北京电视台整合组建而成的。从2013年开始，北京广播电视台（以下简称北京广电）积极进行了媒体融合探索，并逐渐形成了北京电视台、北京人民广播电台和新媒体集团三元一体的结构。总体来看，其媒体融合进程可以划分为两个阶段，第一阶段是对媒体融合的初步探索（2013年至2018年），第二阶段是调整内容生产流程以促进深度融合发展（2018年至今）。

1.融合1.0：移台入网，积极建设新媒体平台

2013年底，在北京市委宣传部的领导下，北京广电按照“一个平台、多点突破”的思路开始加速推进新媒体业务的发展。2014年1月，北京网络广播电视台正式开播。北京网络广播电视台是由北京广电旗下的18家单位共同创建的多媒体平台，其分发渠道涵盖了网站PC端、电视端、移动端和微博微信矩阵，并与传统电视、楼宇电视、地铁电视、北京广播电视报等打通。[①]这体

---

① 蒋虎：《建设“大媒体”平台探索媒体融合发展之路——北京广播电视台建设发展新媒体的思考》，《中国广播》2015年第1期。

现了北京广电较早地推进了新媒体与传统媒体的资源整合，充分利用内容优势和渠道优势构建起全平台的内容分发体系。

同时，北京广电还进行了组建北京新媒体集团的准备工作，经过两年的努力，由北京广播电视台与市文资办共同出资组建的北京新媒体集团于2016年4月12日正式揭牌成立，北京时间网站和新闻客户端也同时上线。以北京网络广播电视台为基础，北京新媒体集团与奇虎360合资成立了"北京时间股份有限公司"。"北京时间"App以新闻直播、云记者、短视频为突破口，致力于打造一个24小时不间断的互联网新闻资讯直播平台。北京广电希望北京时间App的市场化运作方式能够激发出新媒体的活力，进而实现对传统媒体的反哺。北京新媒体集团的建成、北京时间客户端的上线是北京广电推进媒体融合过程中的一个重要环节，体现了北京广电开始致力于搭建自有平台以实现传统媒体和新兴媒体的融合。搭建自有平台是传统媒体在早期媒体融合探索过程中的重要环节，人民日报客户端、新华社客户端都在2014年正式发布，而在北京市属媒体乃至全国省级媒体范围内来看，北京广电是第一批搭建自有新媒体平台的传统媒体之一。

总的来说，从2014年开始，北京广电不断推出新举措来推进媒体融合的进程，比较早地通过"两微一端"进行内容分发，快速搭建了涵盖各个新兴媒体平台的分发渠道，实现了传统媒体内容向新媒体平台的转移。与其他省级媒体相比，北京广电在早期的媒体融合中发力较早、举措丰富，并发挥了一定的示范作用。但是，这种媒体融合的形式是比较简单、粗放的，随着时间的发展，单纯拓展新媒体分发平台的举措与深度融合的政策要求越来越不相适应。

2. 融合2.0：调整生产流程，探索智慧广电

从2018年下半年开始，北京广电开始在新闻生产流程层面寻求变革，积极推进媒体融合向纵深发展。2018年8月27日，北京广电融媒体中心正式成立。北京广电搭建了融媒体工作平台，对北京广电的所有记者的位置和选题状态进行管理，并且将广播、电视台和北京时间的稿件内容进行了聚合，实现了新闻内容资源的多平台共享、分发。融媒体中心成立后，北京时间也由原来合资运营、相对独立的新媒体机构变成了北京广电实控的融媒体平台。2019年初，奇虎360将全部股份转让给了北京新媒体集团，北京时间由北京新媒体集团和互联网企业合资运营的阶段彻底结束。

融媒体中心成立后，北京广电的媒体深度融合探索取得了一定成效。第一，通过新技术的引入和融媒体采编流程的改进，北京广电提升了内容的传播力和影响力。例如，融媒体工作平台的建立让记者在面对突发新闻时的反应速度有所提升，从而能够抢占新闻发布的先机。第二，为了将内容优势充分转化为影响力优势，北京广电调整了北京时间的运营方式和内容架构，在微信、微博等平台中构建了更完整的新媒体矩阵，并且将分发渠道进一步拓展到抖音、快手等新兴短视频平台。第三，北京广电对不同平台、不同渠道的内容定位更加清晰明确，在一定程度上提升了传播的引导力和公信力。例如，不断完善北京时间App的功能、强调服务性，加强不同微信公众号间的内容区隔等。

在2021年10月13日的第二届中国广电媒体融合发展大会省级广电创新运营峰会上，北京广电发布了中国首个广播级智能交互数字人"时间小妮"。"时间小妮"是通过采集北京广电主持人徐春妮的形象和声音素材打造出的AI合成真人数字人，体现了人工智能技术与新闻采编的深度融合。依托情绪仿真引擎，"时间小妮"具有类似真人的情感表情。"北京时间新闻"报道称，"时间小妮"的形象气质、语音语调、口唇表情、肢体动作跟真人的相似度高达97%。未来，"时间小妮"将与北京时间客户端的稿件系统、知识系统、互动系统和大数据系统进行API对接，进而实现其播报新闻、讲解知识、广告代言、交互问答、客户服务等多重功能。

二、北京广播电视台的媒体融合举措

1. 24小时全景直播

24小时全景直播是北京广电在融合1.0阶段推进媒体融合的主要举措。所谓24小时全景直播，即对重点事件进行全天候、多角度的直播，尤其是重视移动媒体端的直播。北京广电主要依托北京时间来进行24小时全景直播，其报道对象主要是社会重大事件和话题。除了24小时、即时性之外，北京时间的直播还具有全景的特征，注重从不同层面呈现新闻事实。例如，2016年北京时间对G20杭州峰会的相关报道的访问量达到了全网第一，体现了移动新视频直播平台走向传播舞台的中心，在大型国际事件报道中，"以多点同步直播为特征的多视角、立体化全景直播开创了我国新媒体传播的历史"。①此外，北京时间对神舟十一号载人飞船发射、长征五号首飞、珠海航展等事件的报道也取得了全网第一的成绩。

北京广电对这一融媒体报道方式非常重视，这具体体现在以下几个方面：

首先，北京时间建立之初的核心功能就是开展24小时全景直播，北京时间所使用的宣传口号清晰地展现了这一点。北京时间早期使用的口号是"北京时间，直播中国"，其微信公众号的介绍语为"直播发现中国，24小时全天候关注热点事件，即时开展深入直播报道"。随着北京时间的经营方式和生产流程的重新规划，公众号由"北京时间"改成了"北京时间新闻"，账号主体从北京时间股份有限公司变为北京新媒体（集团）有限公司，口号则调整为"让新闻深一点，再深一点"。在融合2.0阶段，虽然对24小时全景直播的强调和重视有所下降，但是由于相关技术比较成熟、路径依赖等原因，北京广电在融媒体报道过程中仍然大量采用24小时全景直播的形式。

其次，24小时全景直播的运用范围非常广，北京时间曾多次将直播技术向外输送。在北京广电范围内，北京电视台积极采用了直播的方式进行报道，甚至北京人民广播电台也与北京时间合作进行了直播，北京人民广播电台的工作人员称之为"可视化广播"。例如，2016年12月31日，北京人民广播电台七档品牌栏目通过北京时间进行了24小时直播，用户可以收听、收看广播节目的直播或点播，也可以随时查询电台的相关信息，还可以通过"时间号"

---

① 喻国明：《打造新型主流媒体价值范式与影响力的关键——以北京广播电视总台线上直播平台"北京时间"G20杭州峰会报道为例》，《新闻与写作》2016年第10期。

与电台主持人进行互动。[1]

再次，北京广电广泛采用直播的形式，并建立了比较高的标准。"北京时间"用近于严苛的尺度为新闻直播制定标准，也因此为直播行业树立了标杆。"北京时间"自2016年4月12日上线以来，将传统媒体的内容专业能力与新媒体平台传播的推广专业技术相结合，通过一系列独具特色的创新性举动赢得了用户的肯定和追捧，以专业精神和专业勇气首创的24小时不间断新闻直播流成为视频直播类新媒体内容中磁场最强的一股力量。[2]

最后，北京广电迈进"融合2.0"阶段后，仍然经常推行全景直播。例如，2020年6月21日，北京广电对"金环日食"现象进行了三个小时的全程直播，并将移动端作为第一战场，进而与用户进行了大量的互动。

2.广播电台内容的新媒体分发

北京广电的内容优势主要体现在电视端，2013年至今，北京广电不断将电视端的内容向各类新媒体端迁移。从新媒体平台上看，北京广电较早地搭建并完善自有平台——北京时间App，较早地通过微信公众平台和微博进行内容分发，较快地推进了电视内容向抖音、快手等新兴短视频平台的迁移，逐渐建立起了完整的新媒体矩阵。

（1）北京时间

"融合1.0"阶段，北京时间将平台建设的重心放在网站上，在"融合2.0阶段"逐渐转向了北京时间客户端。从内容层面上看，北京时间主要是电视端内容的复制和平移，这些视频片段在主题和时长上进行了一定的调整，以更加适配新媒体平台。第一，北京时间App曾直接提供电视内容的转播。很多北京时间App的用户下载该软件的初衷是观看电视频道，2019年后，北京时间逐渐取消了电视转播的功能。第二，北京时间网站、客户端的主要内容是

---

①　张艳：《媒体融合下广播＋视频主持人如何面对新挑战》，《新媒体研究》2017年第24期。
②　戴元初：《以新型主流媒体的创新提升舆论影响力——"北京时间"媒体融合的实践与探索》，《传媒》2017年第15期。

北京电视台的新闻片段和知名节目的片段，这些内容的浏览量、互动量与北京广电微信公众号基本相当。第三，北京时间还在客户端中推出了"时间号"功能，北京广电旗下的许多电视和广播频道创建了自己的时间号来发布内容。此外，"时间号"也将众多机构生产内容（PGC）和自媒体生产内容（UGC）聚合起来。但由于平台的影响力有限，对北京广电以外的内容生产主体的吸引力并不强。

从传播力上看，北京时间在创建初期取得了不错的传播效果，但是在后期发展过程中比较乏力。2018年，北京时间网站日均独立访客人数在6000万人以上，居于中国新闻网站的前列。近年来，北京时间的影响力并没有明显提升，北京时间对平台的运营、维护和推广力度还不够。例如，北京时间App在iOS端的应用商店曾被长期下架，但北京广电并未就此情况进行解释和说明。

（2）微信公众平台和新浪微博

随着媒体融合的不断推进，北京广电内部不同层级的部门都逐渐建立了微信公众平台，这些微信公众平台之间有一定程度的"各自为政"的特点。

从账号设置方面看，北京广电内部既有同名公众号"北京广播电视台"，又分别设有账号主体为北京电视台的"北京卫视"和账号主体为北京人民广播电台的"北京广播"两个账号。北京电视台的部分频道和节目、北京人民广播电台的部分频道也开设了微信公众号，如"BTV养生堂""BTV科教频道""BTV暖暖的味道""北京交通广播"等。从内容方面看，"北京广播电视台"主要推送新闻，也会涉及北京电视台和北京人民广播电台的节目信息；"北京卫视"的内容基本为节目预告，长期为北京时间App进行宣传推广；"北京广播"主要推送各种新闻以及北京人民广播电台的各种栏目和活动信息。

从运营和传播效果来看，"北京广播电视台"曾于2019年12月冻结，2021年1月恢复，其头条阅读量在200~3000人次内波动，大多数保持在1000人次左右，与"北京广播"的阅读量持平，远少于推送各种健康知识的"BTV养生堂"。"BTV养生堂"的头条推送阅读量常常达到10万人次以上，回复量也比较可观。此外,"北京交通广播"的内容也是各种新闻,阅读量常常破万,回复也比较多;"北京新闻广播"在各方面都和北京广播相似,并在文章内为"问北京"引流;"问北京"是北京新闻广播的独家调查报道,其发布的内容比较少,主要关注北京市内的民生问题,每条推送的阅读量在2000—5000人次之间,用户回复较多。

据本研究团队统计,在新浪微博中,截至2023年1月,"北京广播电视台"发布内容主要是新闻,粉丝数约249.6万人;"北京电视台"发布的内容也以新闻为主,同时包含一些电视节目的片段,粉丝数约为249.6万人;"北京卫视"发布的内容主要是电视节目的片段,也包含一定的电视节目衍生内容,粉丝数约为914.8万人;"北京广播"主要发布文字新闻,粉丝数为123.8万人;电视栏目和广播频道账号中,"北京卫视—养生堂"粉丝数约为137万人、"北京卫视生命缘"粉丝数约13.2万人、"北京交通广播"粉丝数约352.4万人、"北京文艺广播"粉丝数约489.2万人。虽然以上各个微博账号在粉丝量上有很大差异,但它们发布的内容的互动量普遍很低,大多数微博点赞、评论和转发在10个以内。相比之下,点赞、评论数最多的是"北京卫视—养生堂",粉丝量较高的"北京交通广播",其互动量最高的几个热门微博是美食制作相关的内容,点赞仅在10个左右、评论在5个左右。

北京广电对微博、微信公众平台的运营缺乏总体的统筹和设计,因而较难培育和维系用户群、扩大影响力。新京报等媒体一般是根据内容类型的差异来搭建垂直化的平台,满足特定用户的专门化需求,进而实现更好的传播效果。相比之下,可以发现北京广电没有依据新媒体的传播规律设计新媒体传播矩阵,而是在微信公众平台运营的过程中复刻了传统媒体的人员分工方式。由于没有聚合起内容生产层面的优势力量,所以总体上北京广电在微信平台中的影响力比较有限,尤其是新闻内容的影响力较弱。不过值得注意的是,微信公众号"BTV养生堂"具有出类拔萃的传播力,这体现出健康内容在新媒体中具有独特的竞争优势。北京电视台的经典节目并非只有养生堂,如何抓准互联网用户的具体需求、实现电视端优质内容向新媒体平台的迁移和转化，是北京电视台需要进一步考虑的方向，也需要北京广电在整体性层面进行考量和设计。另外，"问北京"作为一个小体量的微信公众号，其传播效果明显高于北京广电旗下新闻类公众号的平均水平。这表明，北京广电在新闻内容的生产上具有自身的优势，尤其在北京本地新闻上占有优势。如果能进一步把握好不同用户的新闻需求、做到新闻内容的精细化、提高内容分发的效率，其传播力和影响力必将大大提升。

（3）抖音和快手

随着短视频平台的崛起，北京广电也将内容分发的渠道扩展到了抖音和快手。总体上看，北京广电在这两个平台上开设账号的类型和发布的内容同质化程度比较高。据本研究团队统计，截至2023年11月，北京广电在抖音上以机构命名的账号只有"北京卫视"，其余均为各种电视节目或广播频道。相较于抖音，快手多出一个"北京广播"的账号，其他账号与抖音一致，其至对应账号中的内容和形式也基本一样。此外，北京广播还开了视频号，发布的内容和抖音快手相似。"北京卫视"抖音号粉丝为252.4万人，内容主要是电视节目的预告，少部分为电视节目的片段。电视栏目和广播频道类账号有"北京卫视生命缘""养生堂""北京卫视档案""北京交通广播""北京音乐广播"等。其中，前两个栏目的抖音号粉丝量都达到了千万级。北京电视台的各种节目基本都有自己的抖音号，随着短视频的普及，开一个栏目、建一个账号成为一种常态。

从形式上看，北京电视台相关账号发布的内容都是直接截取自电视画面，然后再套上统一的模板。由于抖音、快手用户主要是手机端浏览，视频画面一般要求与竖屏相适应，所以北京电视台在原本电视内容的上方和下方分别填充色块，并在其中添加一定的文字介绍，顶部文字一般是标题和内容提要，底部文字通常为栏目标识。北京人民广播电台相关账号发布内容的视频画面一般为主播出镜，或者是采用内容相关的图片并配上大量文字说明。大部分内容的点赞量在1000人次左右、评论量在20人次左右。其中，抖音的评论区主要是对内容的简单讨论，快手的评论区则大多是用文字或表情进行"点赞”“送花”等。总之，北京广电在抖音、快手发布的内容在形式上都略显简陋，与短视频平台的总体风格不相契合，所以传播效果也比较一般。由此可见，虽然广播电视与视频在媒介形式上具有天然的匹配性，但长视频与短视频、传统媒体与新媒体、不同的新媒体之间仍有普遍差异，媒介形式上的契合带来的反而可能是操作中的惯性思维，未必有利于新媒体平台的运营。

3. 积极采用新技术、新策略

随着互联网的高速发展，新的技术形式和商业策略层出不穷，北京广电对这些新技术、新策略进行了诸多探索和尝试。第一，数据可视化。自2017年以来，北京时间制作了许多H5互动产品，其中比较典型的是2017年10月15日上线的《砥砺奋进这五年辉煌成就我来说》，互动方式为语音答题。第二，内容精准分发。北京广电与奇虎360进行合作的原因之一就是希望在大数据层面获得技术支持，以推进针对不同用户的定向传播，随着二者合作的结束，这一探索也逐渐不了了之。第三，新闻+政务+服务。北京广电“立足首都，有很好的属地优势”，其创立的北京时间App目标是成为“一款集本地资讯信息、便民政务服务和生活应用为一体的综合无线应用客户端”[①]，但目前来看，北京时间App的新闻资讯竞争优势不明显、政务和服务功能仍不完善。第四，随着直播带货的兴起，北京广电对此也有所尝试，但是其特色和成果并不显著。此外，北京广电也曾对音乐制作、主题微电影拍摄等多媒体形式进行了探索和尝试，而“时间小妮”作为一种人工智能技术刚刚亮相，其未来发展过程中能在多大程度上助力智慧广电的发展还有待验证。

---

① 刘兆杰：《台网融合产品的建设研究——以“北京时间”为例》，《西部广播电视》2020年第5期。

三、北京广播电视台媒体融合的经验与不足

1. 主要理念和特点

（1）积极开拓的发展理念

从媒体融合的总体进程上看，北京广电始终处在媒体融合新形式的探索之中，对广电系统融合政策要求的反应比较积极、迅速。首先，北京广电较早启动了新平台北京时间App的建设；其次，北京广电依托自身的内容优势，积极在各类新媒体平台中创建账号、打开分发渠道、占领新的舆论宣传阵地，做到了"用户在哪，宣传阵地就在哪"；再次，北京广电对新技术、新商业模式进行了大量探索，不拘一格地尝试新的融媒体技术和新的商业模式，以推动内容生产优势向新媒体传播力、影响力和变现能力的转化；最后，北京广电一般能够及时调整策略，果断舍弃效果不佳的技术手段。在24小时全景直播、早年的拍客、与奇虎360合作探索精准分发、直播带货等诸多尝试中，北京广电既积累了成功的经验，也有很多失败的案例，但这一过程中体现了北京广电在运营方式、生产技术、分发渠道等方面全面谋求创新的决心。

（2）切割重组的内容生产方式

北京广电在传统内容的生产上具有非常明显的优势，依托丰富的广播和电视内容，北京广电采用了类似一次制作、多元分发的中央厨房形式。在保证传统的广播和电视内容生产制作的基础上，北京广电将这些完整的内容进行切割和重组，然后在北京时间App、微博、微信、抖音、快手等平台进行分发。这一内容制作方式效率比较高，可以在一定程度上提升广播、电视内容的利用度，并且利用新媒体平台为传统平台引流。此外，北京人民广播电台在深耕声音类内容的基础上，并没有局限于声音，在直播、短视频等领域进行了积极的探索，这也体现了北京广电内部积极尝试内容融合的努力。

（3）多点分散的内容分发方式

北京广电的内容分发渠道非常广泛，各个新媒体平台上的不同账号构成了北京广电内容分发网络的"毛细血管"，这种多级拆分、多重覆盖的方式有

利于广泛地争取受众。互联网发展至今，人们的日常媒介使用越来越碎片化，这种碎片化既包括时间上的分散性、全时性，也包括平台使用上的个体性、随机性。互联网用户在不同时间，通过不同平台中的不同账号，随机使用着不同内容。北京广电通过多点分散的内容分发方式，在一定程度上与新媒体用户的媒介使用习惯相适应，可以在一定程度上扩大自身的影响力。

（4）积极主动推进平台建设

在融合1.0阶段，北京广电即开始建设新媒体平台。首先，北京广电通过合作的方式来弥补自身的技术劣势，较早地建立起了北京时间这一新媒体平台。其次，通过时间号、云记者团、拍客等方式，北京时间在早期吸引了一定的内容生产者，扩充了消息来源，形成了PUGC的内容生产路径。到了融合2.0阶段，北京时间的发展遭遇了一定的困境，面临与奇虎360合作的结束、旧有融媒体形式探索的失利以及传播效果提升的乏力等情况。北京广电进行了组织架构上的调整，使得北京时间的运作方式更加符合媒体深度融合的政策要求和新媒体环境下媒体转型创新的现实情况。

2. 媒体深度融合视域下的不足之处

（1）融合不深，仍以"相加"为主

从北京广电媒体融合的总体步调来看，"融合1.0阶段"的北京广电起步早、行动迅速、思路开阔，取得了一定的成效，但在"融合2.0阶段"步调有所放缓，媒体融合仍然停留在"相加"层面，不能完全契合深度融合的政策要求。一方面，北京广电目前的媒体融合方式仍然是传统媒体维持原有运作方式，新媒体的成分逐渐加入。因此，优质的内容生产资源必然还是汇集在电视端和广播端。另一方面，北京广电对新技术、新盈利模式的采用也都是一种"相加"的思路，即在稳定原有架构的基础上，对新鲜元素进行尝试，而不是基于新技术、新路径进行战略设计层面的革新。因此，北京广电对新技术、新路径的探索只能是一种风潮，采用的技术形式频繁更迭，但媒体融合的进程非常缓慢。

（2）内容不新，与新媒体平台不相适应

首先，北京广电没有针对新媒体平台生产专门化内容，所以其发布的内容与平台的适应性很低，内容不吸引人。北京广电的新媒体内容基本是对传统内容的简单改造，常常与平台的气质、风格不相适应，这会在很大程度上削弱内容的传播效果。虽然北京广电针对不同平台的要求对发布的内容进行了一定的调整，但由于北京广电内容制作优先供给的总是广播、电视端，新媒体永远是第二平台，所以与新媒体平台的不相适应是难以避免的。目前，北京广电的媒体融合方式体现出了较强的路径依赖特征，难以突破既有的内容生产惯性，也没有对如何进行新媒体端的内容创作进行深入的思考、探索和布局，几乎完全不存在供给新媒体平台的专门化内容，所以传播效率也难以保证。例如，抖音和快手这一类短视频平台的用户青睐趣味性的、简单的、具有瞬时冲击力的内容，北京电视台采用的电视内容片段叠加文字说明的形式很难吸引用户的注意力，而且其呈现的设计风格对不少用户来讲也是异样的、不美观的。不同于微信和微博，短视频平台的内容推送方式主要是信息流，所以内容生产者必须更注重单个内容的精彩程度及其与整个平台其他内容的契合程度。

其次，北京广电没有充分转化自己的内容优势，尤其是新闻内容在新媒体平台的影响力比较弱。在各个平台的诸多账号中，"养生堂"栏目所开设的账号在粉丝量和互动量上都具有独特优势，这显然不是由于"养生堂"栏目组在新媒体运营上有独特的技巧，而主要是因为与健康相关的内容在新媒体平台上具有天然的传播优势。北京电视台有很多优秀的电视节目，但由于缺乏对新媒体内容传播规律的深入理解，这些优质内容在新媒体平台上的影响力很弱。就新闻内容来说，北京广电一方面具有较强的采编能力，另一方面又坐拥首都地区的地缘优势，所以在传统媒体时期具有较强的影响力。但在媒体融合过程中，北京广电没有将这种影响力复制到新媒体平台上。目前，国内主流媒体在融合转型过程中都遵从着"一家试验、多家效仿"的路径，如新媒体新闻的语态变化、直播形式的采用、微信推送中"夜读"栏目的出现等，都体现了创新扩散的过程。北京广电在媒体融合过程中也存在对其他媒体的"媒体融合套路"的效仿，这在内容上表现为轻度的"标题党"、网民评论荟萃式新闻以及新闻的日常生活化或琐碎化。然而，这种创新策略并没有为北京广电带来实质性的用户增长，反而是"问北京"这样专注于深度民生新闻的公众号取得了更好的传播效果。实际上，北京广电作为一家北京市属媒体，其自身发展路径、新闻内容的类型和重点、媒体公信力的来源和体现方式都与中央媒体有一定差异，群众对北京广电的期待也必然和其他媒体不同。在这一背景下，北京广电必须对自身优势和用户需求形成更清醒的认识，从而探索出适合自身情况的发展路径。

最后，北京广电在不同平台、不同账号之间内容的同质化程度比较高。以微信公众平台为例，"北京广播""北京新闻广播""北京交通广播"之间的内容比较类似，这种各立账号进行内容分发的方式不但无法突出不同频道的独特性，而且分散了创作者的精力，导致推送内容整体比较粗糙。账号独立、碎片化意味着北京广电的新媒体分发比较随意、缺乏规划，难以形成聚合效应，不利于影响力的提升。

总之，由于内容的生产和分发都没有考虑新媒体平台的特点，北京广电的新媒体影响力总体上并不理想，只有类似"养生堂"这样天然契合新媒体的内容取得了比较好的传播成效。

（3）创新不够，难以形成新的增长点

北京广电对传统的内容生产、分发方式和盈利模式的依赖程度较高，对技术创新、内容创新和盈利模式创新缺乏足够的探索。近年来，广电MCN、智慧广电等潮流逐渐兴起，许多其他省级广播电视台的探索已经初显成效。以广电MCN为例，据《电视指南》杂志的统计数据，至2020年末，我国至少有20家广电机构已向MCN机构转化，其中湖南娱乐MCN、黄金眼MCN等已经形成了比较有特色的创新发展路径。相较而言，北京广电在媒体融合过程中的探索步伐较小、速度较慢、成效不够明显。虽然北京广电已经将内容分发的渠道拓宽至多种新媒体平台，但是针对新平台进行的内容生产路径重建、盈利模式创新以及影响力再造还远远不够。

（4）理念不清，缺乏明确创新方向

北京广电在媒体融合的推进过程中存在一定的徘徊和反复，没有持续地巩固成果、推进媒体融合向纵深发展。例如，北京广电对北京时间App的重视程度和日常维护不够充分，在该应用程序被iOS操作系统的应用商店下架的过程中，北京广电没有在其他平台对此情况进行说明。另外，该应用程序大量功能没有被充分开发，"时间号"对内容创作者的吸引力非常弱。在媒体融合过程中，北京广电体现出了比较强的思维惯性，用户思维比较弱，对新媒体传播规律的把握不够到位。

四、北京广播电视台媒体融合的未来发展

1. 依托首都资源，充分发挥自身优势

作为首都地区的广播电视媒体，北京广电应做好传统内容优势向新媒体影响力优势的充分转化，从而建设起具有首都特色的新型主流媒体。

首先，北京广电应探索更灵活的内容生产路径，以充分释放内容生产的优势。为了适应新媒体平台的内容需求，北京广电应对传统内容生产格局进行重构。重构过程应当是渐进的、逐步深入的，但改革的方向必须是彻底的、有针对性的、与未来发展方向相匹配的。一方面，对于在传统媒体时代占有独特地位的优质内容，北京广电应当进一步将其转化为与新媒体平台气质相吻合的新内容。例如，虽然"养生堂"相关账号已经取得了不错的传播效果，但北京广电仍需考虑打破栏目本身的限制，将健康内容作为一个特殊门类发展起来，并探索相关内容在微博微信、抖音快手乃至哔哩哔哩等不同平台的发展和变现方式。此外，还可以依托其他优质栏目建立起垂直领域的优势，打破以栏目组为单位的生产和分发格局。新闻作为与国计民生密切相关的公共信息，如何生产出具有首都媒体特色的、北京本地市民关心，进而全国各地用户感兴趣的新闻内容，是北京广电需要着重考虑的。另一方面，对于不具备竞争优势又确有发展必要的内容，北京广电应打破视野局限，充分

谋求与其他媒体、技术公司乃至个人创作者的合作，从而推动内容生产体系的完善。

其次，北京广电应着重提升内容分发的效率，加强顶层设计，优化分类方式，提升内容的区隔度和专业性，进而做好用户社群的培育和维系。在内容生产路径逐步重构的基础上，分发方式的合理设置可以推动内容的传播效率最大化。新媒体内容分发应当是一项系统工程，因此应至少在北京电视台、北京人民广播电台的层面进行系统规划，而不是将新媒体内容分发的责任下放到具体的内容制作者身上。

再次，北京广电应当依托既有的品牌影响力，加快完善北京时间这一新媒体平台，进而提升其影响力。目前，北京时间App的功能还不完善，时间号缺少足够的内容创作者入驻，适用于移动用户的新闻内容较少，政务及服务功能非常不完善。为解决这些问题，北京广电应该厘清北京时间App的发展路径，明确这一平台建设的目标，形成比较清晰的远景规划，进而推动北京时间App的功能完善化、界面友好化、影响力广泛化。

最后，北京广电要充分利用首都优势、体现首都特色、形成首都气派。北京广电背靠北京市丰富的政治资源、文化资源和媒体资源，不仅要提高内容建设的影响力，还要强调内容的独特性。目前，全国乃至全球的广播电视行业都处在变革之中，而且创新路径各有不同。例如，芒果TV充分发挥了自身的历史优势，将主流媒体的影响力深深扎入了娱乐产业之中。相比之下，北京广电作为首都媒体，应该深耕服务国计民生的主流内容，突出自身的内容特色和气派，同时注重与普通互联网用户的联系，最终实现主流声音的入脑和入心。

2.提升用户思维，把握新媒体发展方向

媒体融合的最终目标不在于实现内容分发从传统媒体向新媒体的扩展，而在于媒体影响力、用户黏性乃至舆论引导力从传统媒体向新媒体的扩展，最终实现新型主流媒体的建成。目前，北京广电单方面重视内容分发渠道的扩展，将传统媒体中的内容稍加修改就植入新媒体之中。这种操作方式在形式上达成了与新媒体用户的接触，但是实际上没有形成对新媒体用户的吸引，没有形成与新媒体用户的紧密连接。在大众传播时代，广播电视媒体虽然要在收视率竞争中发挥自己的特色，但不同频道的内容在形式上是统一的，风格上也不会有显著的差异。在新媒体时代，流量竞争的逻辑不同于收视率竞争，用户的注意力分散在不同平台的不同时段之中，北京广电如果想要在这一过程中取得新优势，必须准确把握这一新特征。

用户思维是新媒体内容传播取得成功的基础，只有取得良好的传播效果，媒体才能更好地发挥舆论引导的能力。北京广电对各个平台中的用户特征差异缺乏准确的认识，用户思维亟待提升。例如，短视频用户更青睐娱乐性强、简单直观的内容，微信用户则能接受相对更复杂和深刻的内容；短视频用户期待在足够短的时间内感知视频叙事的戏剧化和矛盾性，微信用户更倾向于从文字中获取一定的新信息、新见解。基于此，北京广电应该针对这些特征进行内容的生产和分发，而不是以传统内容为基础来一站式解决所有平台的内容生产。

3. 拥抱智媒技术，推动媒体深度融合

"时间小妮"的出现体现出北京广电已经对智媒技术进行了积极布局。但需要注意的是，对技术的使用应该服务于媒体深度融合的总体布局，不应一味地追求新技术。互联网发展至今，技术更迭的速度在不断加快，但技术发展的智能化、人性化趋势是始终不变的。在这一背景下，北京广电一方面要避免对技术的庸俗化追逐，另一方面也要深刻理解技术的底层逻辑，结合自身优势开辟并进一步扩大技术优势。从过去的发展历程来看，北京广电对技术的使用缺乏反思，技术的使用与具体需求的结合不够，最终常常落后于变革趋势。基于此，深刻理解技术发展的基础逻辑才有可能抓住未来发展趋势，进而提升技术与内容的适配性，推进技术的智能化向内容传播的智能化转变。

4.破旧立新，充分探索创新路径

推进媒体深度融合，首先要破除对传统内容生产路径的眷恋、破除传统媒体人"正统的傲慢"。媒体融合的纵深发展意味着对既有传播格局的突破，媒体人必须正视技术变革带来的影响，尊重媒体行业的变革趋势。越是发展状况良好、盈利能力强的传统媒体，越容易忽视技术变革带来的冲击，越容易抱有对媒体权威的盲目自信。从媒介变迁的角度来看，广播和电视都曾是新技术，广播电视媒体是最接近新技术形式的传统媒体。但也正因如此，广播电视反而最容易落后于媒介变迁的潮流。以电视为例，由于电视与短视频具有形式上的一致性，所以电视内容向短视频的迁移也最容易，但这种思维惯性反而导致北京广电在媒体融合的进程中深度不够。另外，作为时间更长、专业化程度更高的电视内容的生产者，常常轻视甚至反感时间短、深度不够、相对简单的短视频内容，或者想当然地认为电视内容向短视频平台的转移是一种"降维打击"。实际上，作为一种新媒体，短视频有其独特的发展逻辑和内容架构方式，因此聚集起了一批与传统媒体完全不同的用户，电视媒体在介入新媒体时并不具有天然的优势。从北京广电的发展状况来看，内容形态上的亲近性反而在某种程度上导致了转型创新中的保守性。

在未来的发展过程中，北京广电需要进一步提升改革创新的魄力，进而才能推进媒体深度融合的发展。一方面，需要从思维上进行创新。摒弃传统媒体内容生产过程中形成的思维惯性，把握用户的心态，向互联网中涌现出的新的优秀内容创作者学习。另一方面，需要从实践上推进改革创新。内容的生产分发机制改革常常伴随着媒体组织层面的机构改革，所以伴随着巨大的结构性阻力。因此，创新的完成不仅是对媒体内容生产路径的重新设计，更是对媒体组织架构的深度优化和系统调整。总之，媒体的转型创新需要积极探索、试错，才能发现转型发展的可能性，最终探索出切实有效的发展路径。

第五节　北京区县融媒体：基层传播资源整合的
破局与深入

2018年8月21日至22日，习近平总书记在全国宣传思想工作会议上就新形势下的思想宣传工作作出重要讲话，要求扎实抓好县级融媒体中心建设，切实提升县级媒体的舆论引导力，从而更好引导群众、服务群众。2019年1月15日，中共中央宣传部、国家广播电视总局联合发布《县级融媒体中心建设规范》，对县级融媒体中心做了定义：县级融媒体中心是整合县级广播电视、报刊、新媒体等资源，开展媒体服务、党建服务、政务服务、公共服务、增值服务等业务的融合媒体平台。

县级融媒体中心建设是媒体融合的深化发展，是构建现代传播体系的基础性工程和有机组成部分，具有独特的价值。学者郑雯、张涛甫将媒体比喻为人的身体，中央级媒体与部分主流的省级媒体为"头部"，区县媒体为"尾部"，副省级、地市级媒体为"腰部"，并据此划分了媒体融合不同阶段的重点：第一阶段以中央启动新型主流媒体建设为标志，催生了"头部媒体"崛起，对主流舆论场起到了中流砥柱的引领作用；第二阶段则以区级融媒体中心建设为重心，有力改变了主流媒体矩阵中的尾部"沦陷"问题，处于我国主流舆论场尾部地位、处境艰难的县级媒体，因获得政策的强力扶持，处境回暖，进而出现令人欣喜的"尾部翘起"趋势。[①]

随着5G时代的到来，以人工智能、大数据、云计算等先进技术为依托，新闻信息的生产流程、传播环境和媒介形态都发生了变革，智媒体发展理念得到广泛认同，智能化技术被应用于媒体运作的各个环节，为媒体发展赋能，

---

① 郑雯、张涛甫：《媒体融合改革中的"腰部塌陷"问题》，《青年记者》2019年第25期。

把媒体带入智能化时代，区级融媒体也迎来了新的发展机遇。2018年，在全国区县融媒体中心的最初组建中，北京作为首都走在前列。智媒环境下，媒体融合业态正在发生变革与重塑，首都区级融媒体中心的建设也产生了新背景、新态势、新问题。

一、智媒环境下首都区级融媒体中心建设定位

首都区县融媒体是政策关注的焦点区域。智媒环境下，其发展定位由国家对区级融媒体建设的政策支持、新时代首都功能定位的发展和变化以及区级融媒体中心的原有建设基础共同组成。

1.建设区级融媒体中心，完善媒体融合发展布局

在区级融媒体中心建设的技术逻辑、政治逻辑、传播逻辑、商业逻辑四重逻辑中，技术逻辑是底层逻辑，但政治逻辑起着主导作用。国家大力推动县级融媒体中心建设。2020年9月，中共中央办公厅国务院办公厅印发了《关于加快推进媒体深度融合发展的意见》(以下简称《意见》)，提出要按照资源集约、结构合理、差异发展、协同高效的原则完善中央媒体、省级媒体、市级媒体和县级融媒体中心四级融合发展布局。2020年11月3日，《中共中央关于制定国民经济和社会发展第十四个五年规划和二〇三五年远景目标的建议》发布，再次聚焦媒体融合，明确提出"推进媒体深度融合，实施全媒体传播工程，做强新型主流媒体，建强用好县级融媒体中心"，表明中央对媒体融合的高度重视，也进一步体现了区级融媒体中心建设的重要性。一系列的政策与论述为新时代区级融媒体中心的建设提供了根本遵循。

区县级政务服务是国家政局稳定的重要环节，区县用户是当前互联网应用最大的增量群体，区县级媒体是最接近基层人民群众的通道之一。区级融媒体中心建设的根本目的就是加强和改进党的基层宣传思想战线，引导和服务最广大人民群众。正如学者詹新惠强调的，建设区级融媒体中心，加强和改进基层宣传思想工作，打造做群众思想政治工作的重要平台，有助于把基层百姓所需所盼与党委政府积极作为对接起来，把服务延伸到基层、问题解

决在基层，更有效更强力地夯实执政基础。[①]

2.围绕首都功能定位，着力推进媒体融合

基于首都的政治地位属性和国家形象属性，北京的发展受到人的认知与观念、技术的创新与发展等多种因素的复合影响。处在新一轮信息技术革命与智媒时代的当下，为了实现首都的可持续健康发展，北京的城市功能定位也处于调整当中。2015年，习近平总书记提出要疏解北京"非首都功能"，为新时期首都建设指明了方向。2017年9月正式发布的《北京城市总体规划（2016年—2035年）》明确了北京的城市战略定位，即全国政治中心、文化中心、国际交往中心、科技创新中心。到2020年4月，北京市委发布了《中共北京市委关于新时代繁荣兴盛首都文化的意见》，指出要以建设具有强大凝聚力和引领力的社会主义意识形态为目标，筑牢首都意识形态和文化安全防线，发挥全国文化中心示范引领作用。[②]2020年8月，中共中央、国务院批复同意《首都功能核心区控制性详细规划（街区层面）（2018年—2035年）》，初步形成了首都规划体系的"四梁八柱"。

总体而言，对首都功能的重新定位就是在新的时代环境下强化首都的文化内核和政治属性，优化城市管理，盘活人才、技术、信息等高级生产要素。区级融媒体中心建设是媒体改革和融合发展战略的重要一环，而面对新时代赋予首都的功能定位，首都区级融媒体中心要切实做好公共服务，建设与首都功能定位相匹配的融媒体平台，维护意识形态安全、文化发展繁荣。

3.融媒体中心密集挂牌，彰显首都区位优势

北京市作为直辖市没有严格意义上的县级媒体，县级融媒体中心建设任

---

① 人民网：《媒体融合写入"十四五"规划建议如何融？专家解读》，2020 年 11 月 10 日，http://media.people.com.cn/n1/2020/1111/c40606-31926251.html，2023 年 11 月 20 日。
② 《中共北京市委关于新时代繁荣兴盛首都文化的意见》，2020 年 2 月 14 日，http://www.beijing.gov.cn/zhengce/zhengcefagui/202004/t20200410_1799129.html，2021 年 11 月 20 日。

务实际是落在区级媒体上。①在区级融媒体中心的建设浪潮中，北京作为首都处于"领跑"位置。根据北京市委、市政府的工作部署，2018年6月16日起，北京市延庆区、朝阳区、顺义区、房山区等融媒体中心相继正式挂牌成立。2018年7月21日，海淀区融媒体中心挂牌成立，北京成为全国第一个实现区级融媒体中心全覆盖的省级行政区，建设速度全国领先。2021年3月，北京经开区工委深改委会议审议通过了融媒中心改革方案，6月底完成挂牌，建成了北京市第17个区级融媒体中心。

北京各区融媒体中心采用的主要措施是整合电视、广播、报社、网站、移动客户端、两微、第三方账号等平台资源，并按照"中央厨房"模式运行，实现一次采集、多种生成、多元传播。在实际建设过程中，区县之间相对独立，建设路径各具特色，彰显各区县不同的优势因素。②同时，融媒体中心建设也体现出共性，如在建设过程中普遍借助首都的区位优势，依托上级政策、资源扶持，以借用成熟的平台和技术支撑的方式，实现媒体融合的成本最小化、效益最大化，形成了区级融媒体中心建设的"北京模式"。③

二、智媒环境下首都区级融媒体的发展特点

经过两年多的发展，首都区级融媒体中心组织机构运转良好，搭建起党和政府与人民群众的沟通桥梁，探索出区级融媒体深度融合的改革发展道路。整体来看，首都区级融媒体在内容生产、渠道平台、体制机制、技术路径等方面呈现出以下发展态势和发展特点。

1. 内容融合：坚持守正创新，推动产品迭代升级

内容是媒体的根本属性，优质内容是区级融媒体的立足之本。首都区级

---

① 侯健美：《打通媒体融合的"最后一公里"——北京市区级媒体融合现状分析》，《新闻与写作》2018年第6期。

② 北京日报：《密集挂牌北京全市16个区级融媒体中心均已建立》，2018年8月3日，http://www.xinhuanet.com/zgjx/2018-08/03/c_137365573.htm，2023年11月20日。

③ 艾媒产业升级产业研究中心：《2019中国县级融媒体中心建设研究与分析报告》，2019年4月19日，https://www.iimedia.cn/c400/64057.html，2023年11月20日。

融媒体中心注重内容建设，既坚持"守正"，又力求"创新"。一方面始终保持内容定力，坚守媒体初心，在变幻无穷的新技术手段中排除纷扰、久久为功，专注内容质量，以优质内容满足人们对信息的深层次需求；另一方面把握全媒体时代的特点，破除原有固化的新闻生产模式，制作H5、Vlog、直播、短视频、动画、图解等群众喜闻乐见的新闻产品，创新内容表现形式，提升内容传播效果，不断推动产品迭代升级。

2.生产系统：采用"中央厨房"形式，提升内容生产力

媒体融合带来的业务形态变化对现有的体制机制带来了挑战。长期以来，北京市16个行政区的区属媒体各自独立运行，电台、电视台和报纸各有一套人马，并下设新媒体部门，进行"两微一端"的产品生产和运营。[①]各区级融媒体中心整合了原区属媒体的职能，采用"中央厨房"的内容生产模式，一方面打破平台界限，实现了对广播、电视、报纸、新媒体等区属媒体的统一调度、统一管理、统一指挥；另一方面融通采编发环节，策划、采访、编辑、分发、存储、考评全流程一体化，促使传统媒体更加有效地统合新媒体，确保资源的有效流通和共享，提高了工作效率、新闻产品质量和内容生产力。

"中央厨房"形式打破了旧有体制机制的樊篱，能够解决制约媒体融合发展的渠道壁垒、层级指挥、重复生产等问题，形成"1+1大于2"的传播效果。昌平区融媒体中心成立一年多以来，通过合并总编室职能成立了新的总编辑部，负责指挥、协调、调度，同时成立采访中心和大编辑部，对原有分散在区内各媒体的专业记者、编导进行统一管理，在投入力量较往年压缩近35%的情况下，内容生产量提升近30%。[②]在具体工作上，朝阳区融媒体中心还建立了包括选题报送机制、总编辑协调机制、每日会商机制、分级审核机制、效果反馈机制、绩效分类管理机制在内的6项工作机制，以统一调动各项资源，确定选题和报道任务，确保全流程工作顺利推进。通过每日会议，策

---

① 李静：《北京市区级融媒体中心的建设现状与思考》，《中国广播》2019年第1期。
② 李静：《北京市区级融媒体中心的建设现状与思考》，《中国广播》2019年第1期。

划宣传内容，分析媒体舆情，确定重点选题和可采写的一般性选题，布置采编对接等工作，既实现了信息来源的多元化，也确保了记者采访的透明化和内容审核的规范化。

3. 平台融通：打造县域公共服务平台，构建全媒体生态

（1）建设自主可控平台，实现资源互融互通

平台是互联网生活最重要的基础设施。但是，媒体融合一直以来都面临着"有爆款，没用户，有流量，没平台"的瓶颈。没有自主平台，导致用户数据无从存储和聚合，许多内容都在"为他人做嫁衣"，不仅无法获取媒体持续性生存发展的必要资源，也不能很好地完成区级融媒体应当发挥的功能作用。

平台建设有其必要性。一方面，建设自主可控平台有利于聚集和融通多种资源，吸引海量用户并在新的移动传播场景下面向用户个体实现精准、有效分发，并对平台上的内容进行有效管控，增强用户黏性，有利于对市场化运行机制进行探索，最终将生存发展的主动权掌握在自己手里。另一方面，平台建设并不仅意味着建设平台，还要对平台的持续发展做出规划。只有平台自身具有造血能力，才能实现主流媒体在互联网时代的用户价值变现。因此，媒体必须转变对平台功能的认识，从"信息总汇"转向"数据总汇"，真正留下用户、与用户互动，发挥舆论宣传、信息推介、教育服务等功能，形成用户数据库，并依托这些数据为用户提供更多的服务，最终建成一个自主可控的新型互联网传播平台、一个扎根于县域基层的服务中心。

客户端建设已经成为区级融媒体中心构建现代传播体系的重要组成部分。目前，北京市各区级融媒体中心已建成独立的移动客户端，并以客户端为核心建设起自己的传播矩阵。海淀区融媒体中心有一家电视台——海淀数字频道，一家报纸——《海淀报》，一家网站——海淀网，一个移动客户端——"掌上海淀"App；朝阳区融媒体中心也有《朝阳报》、朝阳有线电视台、朝阳新闻网、"北京朝阳"App形成的"一报一台一网一端"格局。"主力军进主战场"，

自建客户端是征战移动互联网这个"主战场"的主阵地和根据地，是最重要的自主可控平台。各区级融媒体充分利用自建客户端这一平台，集资讯、直播、交互、服务、活动等功能于一体，为民众提供全方位、便捷式的政务与生活服务。如延庆融媒体中心的客户端"北京延庆"App不仅纳入24项百姓常用的政务服务，还在"延庆号"版块联通整合了延庆环境、延庆交警、八达岭长城、延庆警方、延庆文博等部门的微信公众号内容，并通过创城随手拍、文明红黑榜两个栏目吸引用户进行互动。

（2）打通多层面传播渠道，拓展信息传播边界

在自建客户端之外，北京市区级融媒体中心还逐步打通多层面传播渠道，与中央级媒体、市属媒体、市场化商业媒体对接，借助人民日报、新华社、中央广播电视总台、微博、微信、抖音、快手、知乎等具有一定社会影响力的平台，形成一个更强大的"内外融合"的传播体系，拓展用户总量和信息传播边界，同时也有助于传统主流媒体的内容更快速、更有效地抵达受众，提高传播力。

丰台区融媒体中心成立之初，就与百度、今日头条签署合作协议，开通百度政务"熊掌号"，在今日头条推出"北京丰台"专区，同时，在抖音、西瓜视频等互联网短视频客户端开通账号，全方面展示丰台区的政府形象、文化特色、生活风貌，推动融媒体职能朝"互联网+政府服务"方向转变。昌平区融媒体中心与抖音、腾讯视频合作，所有新闻节目均上传至腾讯视频。延庆融媒体平台入驻微博、微信、今日头条、快手等传播平台，打造"延庆融媒"双微、今日头条政务号以及"延庆小可抖"抖音号。延庆融媒体平台还与人民网、光明网、北京日报、北京电视台、腾讯、新浪、网易、今日头条、爱奇艺、喜马拉雅等各类型媒体合作，依托其成熟广泛的传播渠道，提升延庆融媒体产品各个维度的传播效果。同时，向北京时间、北京台官方微信、微博、京视频、学习强国等媒体推送选题素材，其中延庆"网红教师"、延庆"正能量老太太"等点击量超过8700万人次，形成新媒体爆款。

4. 技术驱动：广泛借助"外脑"，扩大新技术运用

北京区级融媒体中心地处首都，享受首都便利的资源、技术、机遇优势，在建设过程中广泛借助"外脑"，与人民网、新华网、人民日报媒体技术公司、字节跳动等中央和北京市属媒体、成熟平台、技术公司强强联合，建立合作关系，通过外部资源搭建智库或者开展技术、渠道合作。

海淀融媒与中科大脑、中国电信、科大讯飞联合建立了全国首个区级"智慧城市融媒实验室"、全国首个"5G融媒实验室"、全国首个"AI融媒实验室"。东城区融媒体中心则通过与各级媒体的合作，聘请多位来自人民日报、新华社、中央电视台、北京日报、北京电视台等中央、市属媒体的资深媒体人以及网络"大V"、专业人士，组建起东城区融媒体"智囊团"，合作开展新闻报道的选题策划和采访报道工作。大兴区融媒体中心也通过聘任制邀请来自各高校、新华社、中央电视台、光明网的18位业界精英成立了融媒发展智库专委会，并通过每年召开工作会议、按季度召开阅评会、不定期邀请专家开展培训座谈调研等方式开展活动、充分发挥智囊团作用。

智能化技术是区级融媒体中心建设的底层支持力量。智媒环境下，首都区级融媒体中心采用的新技术系统贯穿选题策划、内容生产、内容分发、舆情监测、用户行为分析等新闻生产的整个链条。朝阳区融媒体中心开发建设了包括融媒体指挥调度（含地图控制系统）、全媒体稿件编辑、新闻大数据云服务和全媒体舆情数据管理在内的4个系统，实现选题汇聚、任务分发、内容制作、进度查询、平台发布、媒资管理、信息回传、现场连线、数据分析、舆情监测与预警等功能，打通不同媒体平台之间的壁垒。海淀区融媒体中心开发建设的融媒云端技术平台"媒e家"包含区情研判、新闻发现、选题审核、稿件共享、采编调度、多媒传播、通联管理等核心功能，具有一体化、流程化、移动化的特点，实现了业务管理由分散向集中的转变、内容生产由

单兵作战向协同作战的转变。[①]丰台区融媒体中心利用虚拟现实技术（VR）、增强现实技术（AR）、网络编码器、在线互动系统等技术，辅之以无人机、手机、导播台等设备，实现广播电视、网站、手机客户端等不同媒介形态的传播，由此实现宣传报道方式的革新和业务融合。朝阳区融媒体中心还引入数据系统，强化对区域媒体舆情的统筹管理，通过对全区媒体舆情数据的存储、分析和应用，实现对舆情监测、发现、研判、报送、预警、处置、反馈等各工作环节的全覆盖，通过对正、负面不同的舆情数据进行多维度的分析，为区委、区政府工作决策提供科学准确的数据依据。[②]

借助资源优势，首都区级融媒体中心也能在应用层面获得先进技术的投入。如作为2019北京世园会媒体中心分会场，借助筹办2019年世园会和2022年冬奥会的机会，延庆融媒体中心新添了一名人工智能"小伙伴"——小胖机器人。机器人具备强大的语音交互功能，可以根据观众要求自动行走，回答各种难题，提供多种服务。它能够为观众介绍世园会的位置、参观路线、参观的注意事项，向参访的嘉宾介绍延庆融媒体中心相关情况、延庆融媒体中心中央厨房整体设计等相关内容。

此外，在技术服务平台建设方面，北京市区级融媒体中心目前已经全部接入"北京云·融媒体"市级技术平台。"北京云"技术平台是北京市委宣传部指导、北京市广播电视局牵头、歌华有线公司承建的融媒体平台，平台将为区级融媒体中心提供媒体服务、党建服务、政务服务、公共服务和增值服务。[③]北京市区级融媒体通过"北京云"实现了在宣传指挥调度、舆情分析、媒体监测和内容共享等方面的对接，有利于增强北京市广播电视局对区级融媒体中心的业务跟踪指导和市、区联动，对促进市、区两级融媒体机构在内

① 北京市海淀区人民政府：《北京市海淀区融媒体中心成立》，2018年7月21日，http://hdqw.bjhd.gov.cn/bmgz/xcgz/201808/t20180809_1528776.htm，2023年11月20日。
② 李静：《北京市区级融媒体中心的建设现状与思考》，《中国广播》2019年第1期。
③ 崔毅飞：《"北京云·融媒体"市级技术平台上线》，《北京青年报》2019年11月24日，http://epaper.ynet.com/html/2019-11/24/content_342511.htm?div=-1，2023年11月20日。

容、平台、渠道、管理和运营等方面深度融合发挥着重要作用。[①]

5.人才机制：加强人员管理，探索科学管用的人才考核办法

专业化人才不足、管理机制不健全是当下区级融媒体建设的显著问题。高质量推进区级融媒体中心建设，必然要加大人才培养力度、优化人才管理体制、探索人才机制改革，打造区级融媒体中心建设的人才优势。

昌平区融媒体中心通过对人事管理、绩效考核、收入分配的用人机制改革，实现了从"身份管理"向"岗位管理"、从"主观评价"向"量化考评"、从"档案工资"向"绩效薪酬"的三个转变。在人事管理上实行双轨运行，按照"员额总控、以岗定员"的原则，实行编内任职与岗位聘职相分离、人事档案管理与合同聘用管理相分离，所有人员按岗位进行日常管理；在绩效考核上以量化考评为主，将各项工作任务量化到岗到人，并确定每个岗位的绩效标准；在收入分配上打破了原来的以级别资历论薪酬的思维，根据岗位、业绩、贡献实行分配，多劳多得、上不封顶、下不保底，切实拉开收入差距。[②]朝阳区融媒体中心采取了编制人员与灵活用工相结合的方式，激发了人才队伍的积极性、主动性和创造性。以点击量、转载量、影响力等不同维度的因素作为评价标准，通过量化评分的方式对人员、稿件、部门进行绩效考核，鼓励产出高质量融媒内容。

三、智媒环境下首都区级融媒体面临的主要问题

区级融媒体建设是提升社会治理现代化水平的一个重要"增量"。经过一段时间的发展，国内不同区域内的区级融媒体中心建设都在长期规划、传播效果等方面呈现出一些共性困境。如何不断拓展社会治理载体、渠道、方法和手段，做好区级融媒体建设与媒体融合创新，成为许多相关领域学者关注

① 国家广播电视总局：《北京局推动区级融媒体中心建设》，2020 年 8 月 10 日，http://www.nrta.gov.cn/art/2020/8/10/art_114_52417.html，2023 年 11 月 20 日。
② 艾媒产业升级产业研究中心：《2019 中国县级融媒体中心建设研究与分析报告》，2019 年 4 月 19 日，https://www.iimedia.cn/c400/64057.html，2023 年 11 月 20 日。

的问题。对于处在智媒环境下的首都区级融媒体而言，由功能引领弱化带来的缺乏本地化思维、内容分发不够有效和精准是当前面临的主要问题。

1. 本地化思维还需强化，地方数据库建设还不够重视

（1）难以聚焦本土化县域传播环境

国家权力具有管理传媒体制、配置媒体资源的功能，影响着中国基层媒体融合发展路径的形成。区级融媒体的建设具有鲜明的顶层设计属性。在党的组织结构和国家政权结构中，县一级处在承上启下的关键环节。习近平在会见全国优秀县委书记时指出："郡县治，天下安。县级党政机构是发展经济、保障民生、维护稳定的重要基础。"[①]区级融媒体中心建设的根本目的就是加强和改进党的基层宣传思想战线，引导和服务最广大人民群众。在这个过程中，深耕本土、扎根本地是最重要的，也只有认清区级融媒体中心的定位，承担讲好县城故事、传播县城声音的任务，才能最大限度获得政策支持。

但是，由于所处地理位置因素，体制机制问题对北京区级融媒体的影响非常明显。如在关于延庆融媒体中心建设的新闻稿中可以看到对组织力量和建设速度的频繁强调，"延庆区融媒体中心建成只花了99天时间"，"先后召开70余次协调会压实工作进度"，原因可能是希望首都区级融媒体率先为全国县域立标杆、做表率，但是对速度和效率的过分追求，为后续的发展埋下了很多隐患。区级融媒体中心自身的自主性发挥不足，在各方面都有照抄照搬中央级、省市级媒体做法的趋势，对内容环节着力不足，以用户实际需求为主导生产的原创内容偏少，缺乏本地化思维，这在很大程度上影响了区级融媒体的传播效果。

（2）本地用户数据库建设没有完成

学者喻国明认为，在过去渠道有限的短缺传播时代，传统媒体的内容主

---

① 习近平：《在会见全国优秀县委书记时的讲话》，《求是》2015 年第 17 期。

要有关注普遍需求和符合主流价值观宣传需要两个特点。[①]而随着生活方式变化带来的消费升级与需求换代，参与感、沉浸式、个性化、体验性成为新的内容消费需求，这些正是区级融媒体中心的优势所在。受限于规模，区级融媒体中心难以和"大而全"的更高级别媒介平台或者商业平台竞争。但立足县域、深耕本土，做"小而美"的融媒体平台不失为一种成功转型的方向。

学者田丽指出，县级融媒体中心建设具体有两个目标和任务：一是把融媒体建设和信息化建设结合，促进媒体功能与智慧政务的融合；二是延伸媒体服务范畴，由提供媒体信息产品逐步转变为综合信息服务。[②]为此，首都区级融媒体中心应当牢牢围绕着生产和获得数据来做文章，通过建设本地数据库形成数据的场景闭环，实现精准定位、精准生产、精准投放与用户黏性增长。一方面通过对已有资源的整合与评估对地域进行数据化，将其纳入数据库建设中作为基础；另一方面充分研究用户和市场，通过对用户行为、情绪、态度等数据的分析，对用户进行数据化，挖掘用户价值并进行持续运维。最终实现县域资源数据化，突出地方优势，提升传播效果，从而为内容和服务的精准开发、供应以及可能的盈利模式提供依据和支撑，也为地方的经济与社会发展提供有侧重的支持。

但在目前，区级融媒体中心仍过于强调物理空间，没有看到对数据库建设的启动和探索，所生产的大部分内容也停留在比较浅表的层次，存在追逐热点、搬运信息的现象，而没有对本地用户资源的深层次挖掘和持续运维。多个区县融媒体中心的微博账号、微信账号以及客户端内容阅读量数据都比较差，粉丝互动少，后续运营乏力，最终陷入"不重视数据库建设—融媒产品内容干瘪—难以吸引用户—用户数据少—数据库建设困难"的恶性循环。

①　林沛：《独家专访喻国明：互联网进入"下半场"，传统媒介的机会在哪？》，2018年2月6日，https://www.sohu.com/a/221136692_613537，2023年11月20日。

②　人民网：《媒体融合写入"十四五"规划建议如何融？专家解读》，2020年11月1日，http://media.people.com.cn/n1/2020/1111/c40606-31926251.html，2023年11月20日。

2.分发精准度低，内容传播竞争力较弱

聚合是互联网上一种主要的内容产生形态，多元主体协同、内容资源全面打通是提升资源利用效能的重要途径。但是，首都区级融媒体中心建设还没有做到统一平台，往往过于细化。首先，需要同时运营传统媒体（广播、电视、报纸）和新媒体（微博、微信、客户端）平台。其次，有些地方把区级融媒体中心建到了街道一级，要对街道融媒体中心进行统筹调度，如在2020年11月1日，海淀区清河街道融媒体中心（海淀融媒清河街道分中心）正式揭牌，成为海淀区第5家挂牌的街镇融媒体中心，也是继10月13日香山街道融媒体中心（海淀融媒香山街道分中心）成立后海淀区融媒体中心的第2家分中心。最后，与中央、市属、市场化商业媒体的合作使得各区县融媒体中心内容分发渠道进一步增多，而在这些有合作关系的平台上，由于激烈的市场竞争形势，区级融媒体中心的内容入口较深，难以被发现，传播效率低。这种过于分散化的建设方式固然形成了一个比较全面的传播矩阵，但是也浪费了人力资源和一些本来应该整合利用的优势资源。

另外，区级融媒体最终也要参与到社会信息网络的大环境中，努力成为互联网信息的一个节点，提升获客能力，而大数据就是这一网络化生态中的重要资源。但当前，区级融媒体中心在数据资源的获得、转化和利用方面与抖音、快手、微博等平台之间还存在比较大的差距。区级融媒体中心与抖音快手等平台之间的差距不仅是技术层面的，更重要的是对资源数据化的自觉意识和整合能力。[1]截至2019年2月28日，抖音DAU（Daily Active User，即日活跃用户数量）超过2.5亿人，快手DAU超过1.6亿人。快手在三四线及以下城市占比高达64%，用户群体更加下沉。无疑，抖音和快手在乡镇用户中占据很大市场比重，与区级融媒体打造的App平台争夺流量。[2]区级融媒体却将大量的优质数据放在这些平台上，尽管当前这种做法可以帮助扩大影响力和知名

---

① 胡正荣：《打造2.0版的县级融媒体中心》，《新闻界》2020年第1期。

② 何加晋：《县级融媒体热的冷思考》，《视听》2020年第2期。

度，但是从长远来看将导致大量数据的丧失。

3.功能引领尚需加强，基层舆论引导力尚需提升

区级融媒体中心建设是适应互联网时代发展的必然要求，是夯实执政基础和强化执政资源的重大举措，也是加强和改进基层宣传思想工作战线的重要途径。在2018年8月召开的全国宣传思想工作会议上，习近平总书记强调，要扎实抓好县级融媒体中心建设，更好引导群众、服务群众，从而明确了区级融媒体中心建设要遵循"引导群众、服务群众"这个根本性功能。2018年9月，中宣部又在根本功能的基础上进一步提出县级融媒体中心建设"主流舆论阵地、综合服务平台、社区信息枢纽"的三个具体定位。万变不离其宗，区级融媒体中心建设的重点最终必然要落脚到"引导群众、服务群众"这个根本性功能上，突出服务事项，不断开发适应群众日常生活需求的服务功能，满足基层群众对美好生活的向往和追求。①

器为下，用为上。功能引领是一个根本性的问题，起着把方向、保落实的重要作用。但在实践中，区级融媒体中心的建设和运营往往成为一个在现实需求推动和科层制管理下被动解决任务、执行命令的过程，而缺乏功能的持续性引领作为内生动力。从根本上来说，导致本地化思维缺乏、分发精准度低的原因就在于功能引领的弱化。

学者蔡雯强调，只有与广大的个体用户"连接"，促进多元主体的对话与协作，激发民众参与公共事务的意愿和行动，媒体才能真正参与到社会治理中，成为"开放型"媒体。②建设区级融媒体正是追求高效的社会化连接，追求一种基于人际传播的裂变式的传播效应。因此必须克服之前将区级融媒体仅仅看作"互联网上的信息传递"的偏见，而从整体的、广阔的社会背景的角度去重新建构和审视区级融媒体建设与信息传播的意义，推进区级融媒体

---

①　方提、尹韵公：《县级融媒体中心建设的重要意义》，《光明日报》2019年9月23日，第5版。

②　蔡雯：《媒体融合进程中的"连接"与"开放"——兼论新型主流媒体建设的难点突破》，《国际新闻界》2020年第10期。

的运营，协调基层社会的社会结构以及人与人之间的关系、人与社会之间的关系。"人的连接"理应成为区级融媒体建设的中心。[①]

四、小结

智媒环境下，区级融媒体建设已经成为基层社会治理的重要内容，成为广阔社会背景下的一个命题，有着更加丰富的社会意义和社会价值。习近平总书记在区级融媒体的顶层设计中强调新互联网思维、新工作模式的重要性，指出了很多人特别是年轻人基本不看主流媒体的困境，并要求主流媒体正视这个事实，加大力量投入力度，尽快掌握这个舆论战场上的主动权，不能被边缘化。但是在实际区级融媒体中心建设和发展过程中，许多地方广电仍然基于"连续性幻觉"[②]，以传统的思维、传统的格式，把传统的内容放在互联网上，忽视"把力量推向主战场"的正确方向。

未来的首都区级融媒体中心建设，应当以人与人的连接、人与本地的连接为抓手，通过做好移动端的增量提供在地化的"新闻+政务+服务"，依靠技术的力量推进多元主体对话与多样信息生产，满足人们的需求，参与公共价值的确立、基层公共空间的再造和公共性的重建。

---

① 江飞：《媒介融合再认知：回归元传播》，《武汉科技大学学报（社会科学版）》2017年第6期。
② 黄旦：《试说"融媒体"：历史的视角》，《新闻记者》2019年第3期。

第三章　智媒时代北京媒体的深度融合模式

在构建全媒体传播格局的目标引领下，北京市媒体在内容、平台、技术、管理等方面全面探索深度融合路径，形成了全新的传播模式和业态。作为全国政治中心、文化中心和科技创新中心，北京市媒体依托雄厚的社会资源，以首善标准、开拓创新的精神，摸索出了构建具有强大影响力、引领力和竞争力的新型主流媒体的具体路径和系统方法，开辟了具有首都特色的媒体深度融合的新模式。通过对首都媒体典型个案的分析，本章进一步分析智媒时代北京在深度融合进程中的区域性经验和挑战，进而总结出北京媒体深度融合模式，即"首都核心功能引领下的传媒生态重构"。

第一节　北京媒体深度融合的运行框架

一、智媒时代北京媒体深度融合的目标定位

党的二十大报告中明确指出：建设具有强大凝聚力和引领力的社会主义意识形态。意识形态工作是为国家立心、为民族立魂的工作。牢牢掌握党对意识形态工作领导权，全面落实意识形态工作责任制，巩固壮大奋进新时代的主流思想舆论……加强全媒体传播体系建设，塑造主流舆论新格局。健全网络综合治理体系，推动形成良好网络生态。而在马克思主义新闻观的指导下，媒体正是通过发挥其传播力、引导力、影响力、公信力，从而传播主流

价值、引领社会舆论。而媒体融合则是利用互联网这一新的融合媒体固有的技术优势[①]，更好地发挥媒体社会功能的重要途径。北京市作为首都，把握媒体深度融合趋势，做好意识形态工作，党的二十大报告正为其指明了前进方向，提供了根本遵循。

1. 北京市媒体深度融合的政策背景

2021年1月27日，北京市第十五届人民代表大会第四次会议批准《北京市国民经济和社会发展第十四个五年规划和二〇三五年远景目标纲要》（以下简称《纲要》），提出二〇三五年远景目标：到二〇三五年，率先基本实现社会主义现代化，努力建设好伟大社会主义祖国的首都、迈向中华民族伟大复兴的大国首都、国际一流的和谐宜居之都。"四个中心"功能显著增强[②]，"四个服务"水平大幅提升，坚持"五子"联动服务融入新发展格局，把北京打造为更加适应党和国家工作大局需要，成为拥有优质政务保障能力和国际交往环境的大国首都。

以上大国首都目标的实现离不开媒体的意识形态作用。《纲要》中明确指出了首都媒体深度融合的方向与前景：适应媒体深度融合发展趋势，完善弘扬主流价值的现代传播体系，发挥新闻舆论在传播社会主义核心价值观的主渠道作用，推进市属主流媒体传播平台建设，打造全国标杆性区级融媒体中心，培育若干"京字号"新媒体原创品牌，建设根植北京、辐射全国、面向世界的新型主流媒体集群。此外，《纲要》在后面的章节中从文化建设、城市治理、医疗健康、就业教育等领域对首都发展提出了目标与要求。

2. 新时代北京市发展面临的挑战与问题

2023年北京市人民政府工作报告中总结了五年来的主要工作：全面落实

---

① 李良荣、周宽玮：《媒体融合：老套路和新探索》，《新闻记者》2014 年第 8 期。.

② "四个中心"即全国政治中心、文化中心、国际交往中心、科技创新中心；"四个服务"即为中央党、政、军领导机关的工作服务，为国家的国际交往服务，为科技和教育发展服务，为改善人民群众生活服务。http://www.beijing.gov.cn/zhengce/zwmc/201906/t20190621_98955.html，2023 年 11 月 20 日。

首都城市战略定位，城市发展格局实现历史性变革，紧紧扭住疏解非首都功能这个"牛鼻子"，持续推进"大城市病"治理，首都和谐宜居水平显著提升。[①]北京正处在率先基本实现社会主义现代化的关键时期，把握新时代下的重点工作任务是实现高质量发展的必由之路，而远景目标的实现首先需要面向当前北京市经济社会中存在的具体问题，以问题为导向，在问题的解决中促进高质量发展、实现社会主义现代化目标。从经济维度来看，内需恢复不充分，物价上涨仍有较大压力；原始创新能力仍须提升，专业化创新服务能力不足。从社会维度来看，非首都功能的疏解、"大城市病"的治理任务依然繁重。民生保障、公共安全等领域还存在不少短板，流动人口、随迁子女、老龄化问题突出，风险防控能力不足[②]。媒介是连接社会与群众的中介力量，媒体融合应该承担社会服务责任、缓解社会问题，在智媒时代，首都媒体深度融合应当更好利用数字技术为用户服务，以技术优势抵达更多北京市居民，为开创新时代首都发展新局面赋能。

3. 政策导向下的首都媒体深度融合定位

媒体融合是充分利用智媒技术优势、精准把握用户需求的深度融合，全面深度推进"媒体融合+首都公共服务"，助力提升首都治理能力现代化，促进首都社会问题的解决。媒体融合不仅关系到媒体的生存发展问题，也是国家战略，更是党的"群众路线"在新闻传播领域的体现。《中共中央关于制定国民经济和社会发展第十四个五年规划和二○三五年远景目标的建议》中提

---

① 北京学习平台：《2023 年北京市人民政府工作报告全文公布》，2023 年 1 月 28 日，https://bj.xuexi.cn/local/detail.html?FD0CA7A0771E7C74EA5F38101D0C3A49=1E43BFFBDC9BBC15A3E7A300ECB81016&6E9D852F0075DEF5A5B44097C3EBECDA=2CF7286F7B8BDE4256CEBD5E1EB3EE41A0CB4A182514316BFAC871FF164D0B71&D33FA5C955359659FFCA6FA4AB1778C8=979634887012C0EACB19710CDEF4623640423B702F4B3BC6DFE43194793375F0&AC11F3C9EE565CEDC2B7AA9B8914E5A6=81E0083613E7BA24BB6391D5D5C94C79，2023 年 11 月 20 日。

② 北京市科学技术研究院高质量发展研究中心：《北京高质量发展报告（2022）》，北京：社会科学文献出版社，2022 年。

出，"推进媒体深度融合，实施全媒体传播工程，做强新型主流媒体，建强用好县级融媒体中心"。

首先，以用户为中心的媒体深度融合是"以人民为中心"路线在媒体领域的体现。北京市政府工作报告中提到"认真践行以人民为中心的发展思想，人民生活水平全方位提高"。首都媒体深度融合可以发挥其优势，促进公共服务供给、商业产品供应和产业发展的云端智能化，让居民享受均等化的社会服务、本地化商品消费和工作岗位对接等，切实保障居民的基本生活需要和精神文化需求。其次，基层融媒体中心综合服务平台、社区信息枢纽、主流舆论阵地的角色定位，与"四个中心""四个服务"的远景目标相契合、与缓解北京市当前经济社会问题相契合。将教育、养老、流动人口等社会民生问题化解在基层。提高媒体的宣传与舆论引导能力，传播繁荣兴盛的首都文化，以全国文化中心的首都形象服务国家国际交往。最后，助力"数字城市""智慧社区""智慧城市"建设，与智媒时代下的媒体融合相契合，实现"智"与城市服务的结合。通过新一代信息技术与城市基础设施的融合，基础政务服务与社区信息服务上传云端，实现城市治理智能化。因此，充分发挥媒体融合发展对治国理政的重要服务作用，助力社会治理能力创新，在服务群众中建设大国首都和国际一流的和谐宜居之都。

二、智媒时代北京媒体深度融合的发展阶段

党的十八大以来，以习近平同志为核心的党中央高度重视传统媒体和新兴媒体的融合，为媒体融合发展绘就了路线蓝图。北京市属媒体积极响应中央号召，采取"从增量到存量"的渐进发展模式，不断寻找媒体融合的突破点，落实并壮大主流媒体的社会功能。北京日报、北京青年报、新京报、北京广播电视台、北京新媒体集团等不断改变媒介形态、调整生产流程、创新内容产品、明晰顶层设计，形成了多元主体参与、媒体特色鲜明、融合亮点突出、社会效益显著的良好局面。

北京市属媒体在媒体融合进程中经历了"相加""相融""深融"三个阶

段。北京日报、北京青年报、新京报、北京广播电视台、北京新媒体集团等北京市属媒体在党委政府的支持下，在具体实践中不断规划、总结、反思、迭代，在新闻业务与体制机制等诸多方面稳步推进媒体融合迈向"深水区"。

第一阶段是"相加"，即传统媒体接入各类新媒体平台，拓宽新闻分发渠道。2013年，习近平总书记在全国宣传思想工作会议上的讲话指出，要加快传统媒体与新兴媒体融合发展，充分运用新技术新应用创新媒体传播方式，占领信息传播制高点。在这一思路下，北京市属媒体的融合方式主要表现为媒介形态的改变。具体而言，在社交媒体兴起的阶段，北京市较早开始进行新媒体与传统媒体的资源整合，掀起了开通微博、微信公众号和建立新闻客户端的热潮，充分利用内容优势和渠道优势构建起全平台的内容分发体系。不过，在媒体融合的"相加"阶段，北京市相关媒体采取了内容复制的逻辑，将基于报纸和广播电视生产的新闻粘贴到新闻客户端、微信、微博等平台，其在新闻选题、新闻语态等方面并未过多润色。即使如此，鉴于社交媒体在发展初期的平台红利，北京市属媒体抓住这一"风口"，仍然建立了一系列具有影响力的新媒体平台。如北京日报、北京青年报、新京报等在这一时期采取"放水养鱼"的策略，鼓励员工积极开设微信公众号，并且根据内容传播量制定了相应的激励措施，由此诞生了长安街知事、团结湖参考、政知系列时政新媒体产品等。

需要注意的是，这种"相加"的媒体融合方式相对简单和粗放，尤其随着微信等社交媒体用户增长乏力和平台红利减弱，再加之媒体在内容质量和平台运营上的投入无法和新媒体平台在数量上的"野蛮生长"相匹配，导致部分新媒体平台并未很好地实现提升传播影响力的愿望。北京市属媒体意识到这种单纯拓展新媒体分发平台的举措无法实现媒体融合的政策目标，逐步将融合的重点从新媒体平台量的增加转变为平台质量的提升。

第二阶段是"相融"，即转变新闻生产理念与思路，以新技术和新平台为依托重构新闻生产流程，以特色新闻内容为基点打造新媒体品牌。2014年，习近平总书记在中央全面深化改革小组第四次会议上指出，要坚持以先进技术为支撑、以内容建设为根本，推动传统媒体和新兴媒体在内容、渠道、平台、经营、管理等方面的深度融合。2019年，习近平总书记在中共中央政治局第十二次集体学习时强调，推动媒体融合发展，要坚持一体化发展方向，通过流程优化、平台再造，实现各种媒体资源、生产要素有效整合，实现信息内容、技术应用、平台终端、管理手段共通互融。随着党和政府在媒体融合方面提出新的要求，也随着北京市属媒体在媒体融合"相加"阶段的瓶颈凸显，北京日报、北京青年报等采纳了新的发展思路，不再仅局限于使用互联网公司提供的分发平台，而是一方面使新技术嵌入新闻生产常规从而实现流程再造，另一方面融合互联网公司以用户为中心的理念改造新闻内容的面貌，实现新媒体平台的"去粗存精"。

在生产流程方面，北京市属媒体通过搭建中央厨房等方式深化媒体融合。例如北京日报建立了全天候的融媒体采编流程，形成了24小时有序运行的新闻生产与传播链条，从线索通报、选题策划、稿件提交、编辑制作、新媒体和报纸端发布到各大移动平台传播推广，初步实现了沟通随时展开、稿件随到随看随发的新媒体传播目标。再如北京广电搭建了融媒体工作平台，对北京广电所有记者的位置和选题状态进行管理，并且将广播、电视台和北京时间的稿件内容进行聚合，实现了新闻内容资源的多平台共享。

在新闻内容方面，北京市属媒体延续了传统媒体时代的专业性和严谨性，同时充分考虑用户的阅读兴趣与习惯，通过优质的垂直化内容打造新媒体品牌，以此提升传统媒体的辨识度和影响力。如北京日报旗下的垂直类微信公众号"长安街知事"主打时政新闻、"艺绽"主打文化新闻，北京青年报旗下的"北青深一度"和新京报旗下的"重案组37号"主打深度报道等。在具体生产过程中，新闻记者和新媒体编辑综合考虑媒体特点和用户偏好，以独特的选题、巧妙的切口、扎实的采访、冷静的分析回应和引导社会热点，形成了一些现象级的新闻产品。

第三阶段是"深融"，即以组织架构变革支撑新媒体内容生产，并且以"新闻+"的思路落实媒体的社会职能，强化媒体的社会效益。

为适应新媒体新闻生产环境，北京市属媒体结合其在前期探索的经验，将整体转型提升到战略高度，改变了过去固化的以报纸为中心的媒体组织架构和媒体运营体系，从根本上建立了保障新媒体新闻产品稳定生产的体制机制。如2019年新京报全员转型移动端，搭建全媒体矩阵传播体系。新京报全报社包括采编、经营、发行、行政等在内的团队全围绕新京报移动传播矩阵工作，报社专门选取11位经验丰富的优秀编辑组建报纸编辑部，全力办好报纸端产品，独立于新闻客户端之外。类似地，北京青年报不断推进集团制度设计改革，在部门设置方面，传统媒体部分只保留一个编辑部，记者和编辑按照新媒体生产规律进行内容生产并将内容回传给纸媒。

北京市属媒体在"深融"阶段的另一个体现是大力发展"新闻+"，其以区级融媒体平台为抓手，不断推动新闻与政务服务和生活服务相融合，实现媒体服务下沉社区。2020年9月，中共中央办公厅、国务院办公厅印发的《关于加快推进媒体深度融合发展的意见》指出，要增强主流媒体的市场竞争意识和能力，探索建立"新闻+政务+服务+商务"的运营模式。2020年11月，《中共中央关于制定国民经济和社会发展第十四个五年规划和二〇三五年远景目标的建议》发布，明确提出"推进媒体深度融合，实施全媒体传播工程，做强新型主流媒体，建强用好县级融媒体中心"。在这一背景下，2021年北京市委深改委审议通过《北京市关于加快推进媒体深度融合发展的实施方案》，其中明确提出要做大做强网络平台，向"新闻+N"全媒体扩容。北京日报、北京新媒体集团以及北京市各区级融媒体中心积极响应，整合了广播电视、报刊、新媒体等资源，通过开展党建服务、政务服务、生活服务等满足用户在日常生活中的需求，进一步落实媒体的社会服务功能。

三、智媒时代北京媒体深度融合的多元参与

北京市属媒体在深度融合进程中充分联动北京市各级政府、互联网公司、媒体用户以及中央媒体，形成了以北京市属媒体为中心、多元主体参与的媒体深度融合格局。

　　第一，北京市属媒体是首都地区媒体深度融合的主战场。相关媒体充分发挥主观能动性，在继承历史优势的基础上全方位、多层次地布局改革，并且在这一过程中充分调动媒体外部相关主体的积极性，增强媒体融合的纵深感。其一，在媒体内部改革中，相关媒体根据自身的资源基础制定了相应的战略规划与建设方针，具体是以智能化技术为支撑，从组织机构、生产理念与流程、运营机制、人力薪酬考核等方面实施配套改革。值得一提的是，北京日报、北京青年报等媒体创办于新中国成立初期，经过几十年的发展积淀了一定品牌优势和内容优势，而智能化技术盘活了此类优势资源，使其成为传统媒体在智能化时代立足的重要资本。其二，媒体在内部改革的同时注重与外部主体联动。北京市属媒体围绕媒体深度融合的根本目标，协调了多元主体在不同环节、不同阶段发挥的作用。如相关媒体与互联网公司建立了合作关系，媒体在应用互联网公司开发的平台媒体的基础上，也尝试与互联网公司进行多方面的技术合作，以定制化的方式赋予新技术主流价值观，使技术落地后承担传统媒体的价值引导责任。可见，媒体在拥抱新技术的同时对新技术也有所反思，在不同阶段有选择、有侧重地使新技术服务其新闻生产理念和媒体管理工作。

　　第二，北京市各级政府为媒体深度融合提供政策支持并致力于实现媒体深度融合成果为其所用，与媒体建立了合作互惠关系。具体而言，北京市各级政府积极响应国家媒体深度融合的战略布局，在顶层设计层面为北京市属媒体指明发展方向，与此同时，北京市各级政府充分发挥媒体平台功能聚合的优势，以媒体平台为开展政府宣传工作和电子政务服务的重要阵地。目前北京市各级政府已经入驻北京日报新闻客户端、北京青年报新闻客户端、北京时间新闻客户端以及各区级融媒体中心开设的新闻客户端。在宣传工作方面，各级政府部门在各大媒体平台中开设专门频道，定期公布政府决策和政务新闻，以文字、图片、短视频等多种方式增强相关内容的可读性和吸引力。在电子政务方面，以区级融媒体为代表的新闻客户端已置入民众问题反馈、政务预约与线上办理等功能。以上举措既丰富了媒体平台的内容，扩大了媒体的"内容池"，实现了将用户对政务服务的刚性需求转化为用户在媒体平台中的黏性使用，同时也为各级政府在智媒时代联系民众、服务民众提供了重要平台，促进了服务型政府的建设。

第三，互联网公司在深度融合进程中为北京市属媒体提供了技术支持，弥补了媒体的技术短板。一般而言，技术落后就传统主流媒体实现全媒体影响力和传播力提升而言是一种掣肘，但在智媒环境下，互联网公司以合作者的身份帮助传统主流媒体走出困局。互联网公司为北京市属媒体提供的技术支持体现在内容分发平台建设方面。如2019年北京日报与百度签订合作协议并建立了"北京号"，百度根据北京日报媒体定位与内容特色为其搭建算法架构，将北京日报新闻客户端建成了一个具有主流媒体特点的内容聚合类算法推荐平台。自上线至2021年1月，已有北京市各区、各委办局等140余家单位入驻"北京号"。同时，互联网公司为北京市属媒体提供的技术支持还体现在中央厨房以及媒体智能化后台建设方面。互联网公司与主流媒体合作打造的智能化生产系统贯穿了选题策划、素材管理、内容生产、传播效果监测、用户行为分析等新闻生产的整个链条。此外，北京市相关媒体与科技公司不仅在新闻业内部进行了合作，还尝试着对整个城市的发展做出努力，如海淀融媒与中科大脑、中国电信、科大讯飞联合建立了全国首个区级"智慧城市融媒实验室"等。

第四，媒体用户以多种方式参与到新闻生产过程中，切实推动了媒体在新闻生产端的深度融合。一是用户通过新闻客户端、微信公众号、微博等新媒体端口爆料新闻，不断拓宽新闻线索的来源。对于新京报、北京青年报此类具有深度报道传统的媒体而言，用户提供的独家爆料往往是重要的新闻选题。对于新京报、北京日报旗下的短视频平台而言，用户提供的视频素材有助于媒体团队更快获取第一新闻现场的核心画面，同时用户拍摄的视频素材也是重要的新闻选题，这在很大程度上增加了视频新闻平台中的内容多样性。二是用户通过在新媒体平台上发表评论的方式参与到新闻生产中，其有趣的言论往往能够吸引编辑关注并被吸纳到之后生产的新闻内容中，从而增强了新闻用户的参与感和互动感，使新闻报道更具新媒体风格、更符合新媒体传播环境。三是用户在媒体平台中的浏览行为留下了数字轨迹，用户以数据的形式间接参与到新闻生产中，这具体表现为用户对新闻报道的点击量、点赞量、分享量、打开时长等数据成为新闻从业者判断新闻选题的标准之一。

第五，中央媒体在北京市媒体深度融合进程中扮演了经验提供者的角色，是北京市属媒体重要的学习对象。人民日报、新华社等中央媒体得益于在政策、资金、人才等方面的优势，因此在深度融合方面开展更早、进展更快，目前已基本完成了移动化转型，成为全国范围内的标杆和旗帜。北京日报、北京青年报、新京报等北京市属媒体充分利用地域优势，对人民日报、新华社等央媒实地调研学习，并且邀请央媒领导与记者莅临报社指导。同时，北京市属媒体的新闻从业者定期学习与分析央媒典型的新媒体作品，深入剖析央媒在深度融合中的体制机制，尝试将央媒的经验转化为北京市属媒体在深度融合中的方案。在内容方面，中央媒体综合考虑宣传功能、媒体职能以及社交媒体平台中的内容特点与用户特点，在此基础上发展出了更为生动的表达方式，较早建立了稳定的内容生产机制，为北京市属媒体相关改革提供了参考方案。在组织架构方面，中央媒体大胆尝试，较早成立新媒体部门，建成了顺应智能化生产环境的中央厨房。人民日报社的中央厨房起步较早，其在新闻生产理念与方式、日常运作机制等方面成为地方媒体的学习对象，北京日报社正是在此启发下建成了经济适用型的"中央厨房"。

第二节　北京媒体深度融合的内涵特征

一、媒体深度融合"北京模式"的核心理念

媒体深度融合"北京模式"可以概括为首都核心功能引领下的传媒生态重构。该模式是以政治定位为核心、以资源整并为支撑、以人文底色为保障

的系统化、生态型的媒介转型创新发展之路。

第一，区位条件上，政治定位这一核心要素包括"讲政治""听政策""传时政""做政务"等方面。其一，北京媒体始终坚持政治导向，深入贯彻习近平新时代中国特色社会主义思想，坚持以展示首都形象为落脚点来讲好中国故事。其二，媒体深度融合是国家战略，也是新闻业所面临的珍贵发展机遇，北京市出台了一系列政策引领媒体深度融合、明确媒体发展目标、确定新闻业的具体工作任务。其三，身处政治中心的北京市媒体拥有非常丰富的时政新闻资源，依托这一特点，北京市媒体在时政新闻上始终保持优势，并在此基础上形成了融合发展模式探索、技术研发应用推广、融合创新性内容制作分发等方面的典型性、示范性和引领性成果。其四，北京市媒体既积极开发便民政务服务功能，也努力落实以信息服务推动政治发展，实现了为民主决策提供政治信息、为政治经济发展提供舆论支撑、为政务服务提供运行平台的目标。例如，面向北京本地的发展，北京市各媒体积极协助民生保障工作，服务中央政务、协助治理"大城市病"；面向京津冀一体化发展战略，北京广播电视台开创了京津冀之声频道，致力于构建覆盖京津冀三地的传播网络。

第二，组织运行上，资源整并这一支撑要素包括媒体内部的资源重组和媒体外部的资源置换。一方面，依托现有的媒体资源，北京市媒体既致力于内容生产分发全流程的创新升级，也积极尝试先进技术的落地转化与应用，全面提高媒体深度融合发展的基本能力。北京市媒体在内容生产分发和组织管理运行层面采取了一系列集约化策略，在为社会不断供给真实准确、立场鲜明的信息的同时，也实现了媒体组织的市场化改革、保障了自身的持续盈利能力。另一方面，依托于北京市拥有的完整的产业结构和优质的技术企业，北京市媒体积极谋求与技术企业的深度合作，通过自身的内容资源及其附带的象征性资源，撬动了极为丰富的技术服务资源和平台渠道资源。通过媒体和技术企业之间的资源置换、优势互补，北京市媒体的深度融合实现了"以内容为本，为技术赋能"的发展方式。例如，在全息影像、5G、人工智能等新技术浪潮中，北京市媒体积极谋求与技术企业之间的合作，抢占技术先机来创新传播方式和手段，提高传播效率和质量，落实了"为媒体找技术、为技术找场景"的口号。

第三，个性特征上，人文底色这一保障要素是指北京市媒体深度融合发展在"人"的层面所具有的独占性优势，正是这一优势为区位条件转化和组织运行落实提供了保障。作为一个具有深厚文化底色和传统底蕴的国际大都市，首都北京不仅是一个传媒资源的高地，而且是传媒人才和传媒市场的高地。具体来看，众多的高水平院校和科研机构为北京市媒体深度融合提供了智力支撑，庞大的消费者群体和活跃的商业环境为北京市媒体融合发展提供了市场需求和经济动力，丰厚的文化资源和历史积淀为北京市媒体深度融合提供了内容源泉和社会基础，而全国文化中心和国际交往中心的独特地位为北京市媒体融合发展提供了国际视野和跨文化交流的使命。在人才与市场的共同支撑下，北京市媒体融合得以在技术创新和手段变革的基础上进一步探索价值创新和文化变革。在远景目标上，北京市媒体深度融合要始终坚持立足中国语境、坚守中华民族立场、传承中华文化精髓，讲好中国故事、北京故事，展现北京市乃至中华民族的文化风貌和历史记忆，用创新性叙事突破僵化的流量思维，最终实现发展壮大具有中国文化特色的主流思想舆论这一基本目标。

总之，北京市媒体的发展历史决定了其以存量改革为主、增量发展为辅的融合路径，而作为首都媒体的独特地位则决定了其以深度融合推动信息服务生态创新和社会效益充分释放的发展目标。北京市媒体既享受着丰富的政治性资源，也非常重视时政新闻和媒体的政务功能；背靠丰富的社会资源以及媒体自身长期积累的优势，北京市媒体既能从容地进行内部资源的重新调配，也可以便利地与其他企业寻求合作、进行资源置换。北京市媒体深度融合进展顺利、成效显著，但同时也在一定程度上存在自我变革动力不足的问题。

二、媒体深度融合"北京模式"的发展特点

经过多年的实践探索，首都地区媒体深度融合的发展特点体现为顶层设计明晰、技术体系先进、内容特色鲜明。

第一，北京市属媒体顶层设计明晰，相关媒体结合各自发展特点与资源优势制定了合理的发展目标和具体的实现路径。北京日报发布《北京日报报业集团深化改革融合发展工作方案》，提出打造"2+3+X"的传播矩阵，重点办好《北京日报》和《北京晚报》，以北京日报新闻客户端为龙头，以长安街知事、艺绽为重点，以北京日报微博微信、北京晚报微博微信、北晚新视觉、识政、长安观察、都视频、京直播、光影记忆等新媒体产品为支撑，构建起"全链条生产、全平台发布、全媒体呈现"的立体化传播格局。新京报在2019年制定了全员转型的方案，全报社脱纸向网，只留11人专职办报纸。2020年，新京报提出从全员转型到全面转型的总体原则，还提出了在发稿量、分析量、营业收入、采编队伍、运营成本等方面的具体目标。2023年，在移动优先战略指导下，新京报提出了打造"大端"的战略，服务新京报客户端的建设与发展。与之类似，北京新媒体集团提出了"原创为本、资源为翼、引领主流"的发展规划；北京青年报编委会就报社未来发展方向多次召开会议，提出"移动互联网条件下的精致阅读"这一口号。

第二，北京市属媒体技术体系先进，以自主研发与外部合作相结合的方式打造了智能化的新闻生产系统和基于主流算法的新闻分发系统。在新闻生产系统中，北京日报、北京广电、北京青年报、新京报等均建立了不同形式的中央厨房，其核心运作方式均可以归纳为媒体记者将相关素材录入数据库后各新媒体平台根据需要对相关内容进行切割和重组，最终生产出适合微博、微信等不同平台的新闻产品，实现了一次采集、多元生产、多元分发，有效避免了各个新媒体平台"各自为政"，有益于媒体对新媒体产品的管理，实现了资源利用效率的最大化。同时，北京市属媒体通过智能化技术快速全面地汇集新闻线索、监测传播效果并将其反馈给内容生产方，为新闻内容决策提供依据。相应地，北京市相关媒体逐步打破以新闻编辑部和传统新闻从业者

为绝对核心的内容生产模式,将用户喜好与新闻专业判断相结合,将用户的内容生产纳入专业新闻生产环节中,形成了新闻生产、分发和消费之间的闭环循环。在新闻分发系统中,北京市相关媒体顺应智能时代的算法分发模式,借助多方力量为其新闻客户端打造"主流算法",在保证海量内容与用户个性化需求精准匹配的同时,实现主流媒体优质内容的传播。典型的体现是北京日报的"北京号",它较好地融合了媒体的专业判断与用户的个人兴趣,搭建了一套符合多方利益、有助于达成多重目标的"北京算法"。

第三,北京市属媒体内容特色鲜明,打造了在全国范围内具有一定知名度和影响力的垂直化新媒体产品。在传统的文字新闻报道中,北京市属媒体孵化了一系列以时政新闻、社会新闻、人文内容为特色的微信公众号。北京日报、北京青年报充分挖掘并利用北京市各类时政新闻资源,建立了长安街知事、政知系列微信公众号和团结湖参考等新媒体平台。新京报、北京青年报则充分发挥历史积淀下来的深度报道的优势,锚定优质的新闻内容,基于重案组37号、北青深一度等新媒体平台发表了一系列具有全国影响力的深度报道作品。典型的体现是在2020年初的新冠疫情报道中,相关媒体第一时间安排记者前往武汉调查与采访,积累了大量的现场资料,挖掘了多方消息源,发表了一系列角度丰富的新闻内容,在人人恐慌的情况下起到了抚慰社会情绪的作用。在视频新闻报道方面,新京报"我们视频"已然成为响亮的新媒体品牌,视频记者以直播、短视频两种形式对时政、社会热点和重大事件进行报道,除此之外,"我们视频"在全国范围建立了拍客网络,用户提供给"我们视频"的素材经过专业新闻从业者的判断筛选与剪辑加工后呈现出来,充分挖掘了用户生产内容的价值,同时也大大丰富了短视频的新闻内容。

三、媒体深度融合"北京模式"的社会成效

在媒体深度融合的进程中,北京市属媒体在理念重塑、实践转型、技术创新、多元主体参与之下焕发出新的活力,在社会成效方面实现了较大突破。

第一,北京媒体的社会影响力显著提升。在较为明晰的顶层设计、较为

完备的新闻生产机制以及智能化的生产分发技术下，传统媒体的优势被再度激活，北京市属媒体已成为互联网场域中的重要节点，其影响力已辐射到全国范围，具体表现为以下三点。

其一是北京媒体生产内容的到达率与阅读量提高。互联网公司开发的算法推荐类平台媒体拓宽了新闻分发渠道，传统媒体生产的内容得以覆盖更多用户。其二是北京市属媒体用户规模持续稳定扩大。这一成效可以通过数字直观体现出来。纸媒时代《北京日报》《北京晚报》加起来发行量也不到200万份。然而目前，京报集团已经形成以北京日报客户端为核心，长安街知事、艺绽、都视频、京直播、识政等在内的融媒体矩阵，全网用户数达到3.4亿人，日均阅读量超2亿次，形成13个千万级、54个百万级粉丝平台，实现了多维介质的传播和互动。①与之类似，北京青年报、新京报以及北京市各区级融媒体平台借助头条、腾讯新闻以及抖音、快手等平台媒体，实现了用户数量的大幅增加。其三是北京市属媒体生产的内容广泛受到社会认可。面对重大突发事件和各类社会热点事件，北京日报、新京报、北京青年报及时跟进，注重事实核查以及消息源的权威性和多样性，以客观的报道、多样的呈现、深度的解读有效地回应了社会关切，全国范围内的媒体用户则以点赞、转发、评论等形式对其表达了认可。

第二，北京媒体的舆论引导新阵地得以建立。媒体融合已不再只是技术和政策推动下的媒体活动，而是越来越多地承载起政府和公众的期待，舆论引导即是其中的一个重要方面。在网络空间中，北京市民相较于全国民众而言对公共事务的热情更高，容易形成网络讨论的中心地带。对此，北京市属媒体以各大新媒体平台为抓手提升互联网舆论引导水平，因地制宜、积极施策。

在舆情预警方面，北京市属媒体综合关注网络热点、网民思想动态、媒

---

① 《北京日报超级客户端来了！"超级"在哪里？》，2023年10月16日，http://bj.news.cn/20231016/56f43379ad5e42158f3e6acf27533be1/c.html，2023年11月20日。

体报道效果，建立了较为完备的舆情预警体系。具体而言，北京市属媒体充分利用技术平台与大数据分析系统，既关注网民讨论的社会热点问题、把握网民的观点与情绪，也关注新闻报道的传播效果，不断加强对于报道议题、报道框架和报道倾向的动态研判，进而在综合判断的基础上为提升舆论引导效力指明具体方向。

在舆论引导方面，北京市属媒体将议程设置与情感动员相结合，较为有效地提升了传统主流媒体的引导力，掌握了互联网中的主动权。其一，北京市属媒体培养了具有鲜明政治属性的新媒体矩阵，重点强化了媒体账号同政务新媒体的内容合作，同时充分结合网民关注的热点话题组织媒体议程，通过报道民众关心的教育、医疗等民生问题真正拉近了与民众的距离，切实让民众从中受益，进而在媒体信任的基础上引导民众讨论的话题。其二，北京市属媒体充分开发情感资源，在设置议程的同时转变文风、丰富报道形式，使报道言之有物、言之有理、言之有情，使网民爱听、爱看、爱传，有效地凝聚了网民共识，推动了舆论引导工作的顺利开展。

第三，北京媒体切实有效地推进了基层社会治理。北京媒体在"新闻+"的思路下，将多种便民服务功能置入媒体平台，打通了媒体与基层社区的"最后一公里"。

在政务服务方面，北京市各融媒体中心打造了集党建、行政、司法等相关业务于一体的聚合式平台，推动了媒体与党政资源的深度融合，为民众建立了"指尖上的政务服务中心"。这一模式的出现打破了北京市各级政府与民众之间的时空界限和沟通屏障，调适了个人与政府之间的关系。一方面，广大民众可以通过新媒体平台享受政府提供的各项便捷周到的公共服务，如在线上即可完成政务预约、证件办理等事务；另一方面，北京市各级政府借助媒体平台搭建了网络助民惠民的新桥梁，实现了听民意、解民忧、聚民心，切实提升了广大市民参与社会治理的满意度。

在生活服务方面，北京市属媒体在深度融合的过程中嵌入社区，实现了民众对美好生活的向往。具体而言，北京市属媒体注重把多功能聚合的媒体平台与建设智慧城市、智慧社区融合起来，围绕与民众生活密切的衣食住行、养老、就医等民生问题，增加各类便民服务内容，使媒体平台真正融入媒体用户的日常生活。此举既提升了民众生活的幸福感，也提升了民众对媒体平台、社区街道以及北京市的情感认同。

整体而言，北京市属媒体在深度融合进程中搭建了社会治理思路下的传播链条，优化了多元主体之间的协作关系，使媒体深度融合成为一个价值共创的过程，助益了首都地区社会"善治"的实现。

第四章　智媒时代北京媒体的深度融合战略

　　媒体的融合转型是一项系统工程，进入深度融合阶段后，尤其需要在顶层战略设计、具体改革路径和细节配套措施层面进行全方位的、战略性的、系统性的考量。具体来说，媒体深度融合就是对媒体的内容生产、分发渠道、用户培育等方面的纵深突破和系统性改革，进而实现在新传播格局中对媒体影响力的提升，从而更好地发挥智媒时代首都媒体的舆论引导力，最终服务于首都社会治理体系与能力的完善。本章对北京媒体融合的调研和分析，以及对国内中央级媒体深度融合经验的借鉴、对其他区域性媒体深度融合样本的比较，结合智媒时代的媒介生态特点，提出以下五个方面为一体的、面向未来新时代需求的首都融媒发展战略。

第一节　开发首都特色，打造智能化的内容生产流程

　　数字时代，媒体深度融合发展是一篇大文章。近年来，媒体融合驶入快车道，不断在拓展渠道平台、提升技术、开发用户等方面发力。但归根结底，媒体融合需要有效提高传播价值、增强媒体对主流舆论的引导力和影响力，回归媒体融合的核心价值逻辑——"内容为王"和"体验为王"。

　　作为全国政治中心、文化中心，北京市为媒体的内容生产提供了丰富的资源。北京地区媒体规模大、种类多，在推进深度融合的过程中，应该充分开发首都特色，将北京市的资源优势转化为内容优势，并进一步转化为媒体

的品牌优势和影响力优势。具体来看，北京市可以在以下五个方面做大做强：一是引领主流意识形态，强化主题主线宣传；二是依托高新技术手段，实现智能高效生产；三是创新内容报道方式，生产原创优质内容；四是坚持本地视角和用户思维，挖掘首都地区特色优势；五是打通业务活动链，塑造全媒体品牌。

一、引领主流意识形态，强化主题主线宣传

从党的十八届三中全会首次提出媒体融合发展重大任务，到"十四五"规划建议中明确提出推进媒体深度融合，再到2020年9月中共中央办公厅、国务院办公厅印发《关于加快推进媒体深度融合发展的意见》，媒体融合在国家政策乃至战略层面被反复提及。从北京市的层面来看，北京市委宣传部也多次强调要推进媒体深度融合，并开辟出一条媒体深度融合的北京路径。因此，媒体要站在更高的层面重视融合工作，尤其是注重内容生产流程的重构，生产出更多具有北京特色的、无愧于时代的优质内容，以服务于智媒时代党和人民对主流媒体、主流声音的期待。具体来看，内容生产应当围绕中心工作、聚焦主题主线、配合舆论引导、回应社会关切。

1. 坚持正确导向，打造主流内容

《关于加快推进广播电视媒体深度融合发展的意见》强调要全面加强内容供给与建设，首先要深入实施舆论引导能力提升工程和新时代精品工程。其次要强化主题主线宣传，多层次、多角度、多方式宣传阐释习近平新时代中国特色社会主义思想，推动党的声音传得更开更广更深入。准确及时发布融媒体新闻信息，为其他媒体转载提供新闻信息源，牢牢掌握网络舆论场主动主导权。[①]

北京作为首都，是国家的政治和文化活动中心，北京地区媒体背靠得天

---

① 《广电总局印发〈关于加快推进广播电视媒体深度融合发展的意见〉的通知》，2020 年 11 月 13 日，http://www.gov.cn/gongbao/content/2021/content_5582647.htm，2023 年 11 月 20 日。

独厚的地缘优势，尤其应该注重担负时代责任、坚持正确的导向，精准有效地传播党、国家和人民的声音。得益于政治中心的区位优势，北京媒体大多在发展过程中形成了时政内容上的优势，并在媒体融合的过程中延续了这一特长。由此可见，虽然技术在不断变革、媒体在不断转型升级，但是优质内容的竞争力在存续，受众对精当深入的主流内容、主流声音的需求是不变的。在媒体深度融合不断向前推进的过程中，北京媒体应着重坚守时政新闻这一优势阵地，并在此基础上牢固树立正确导向，拓宽内容生产的范围和视野，从而打造更加丰富、立体的主流内容。

2. 创新语态，增强内容的鲜活性和亲近感

2020年《关于加快推进广播电视媒体深度融合发展的意见》指出，媒体要运用新方法讲好故事，提高亲和力表现力感染力，推出更多讴歌党、讴歌祖国、讴歌人民、讴歌英雄的扛鼎之作。这意味着，在内容层面，媒体需要将单向宣传转向主流价值引领与圈层话语融通。①

随着新媒体的不断发展、用户群体以及用户口味的不断变化，北京市相关媒体需要重视语态创新，实现话语转换。为了实现更好的传播效果，使内容优势转化为影响力优势，需要适当将宏大的理论、深刻的思想和严肃的政治话语转变为生动、易于传播的大众话语，做到深入浅出、通俗易懂，增强信息的鲜活性和亲近性。同时，媒体在深度融合的过程中要注重实现话语融通，适应新媒体圈层效应，满足圈层文化需求。当然，改变语态不是放低姿态，深入浅出也不是对严肃内容的消解，更不是媚俗化、简单化，如何实现严肃内容、价值引领、主流导向与吸引用户、贴近用户、培育用户的深度互动，需要媒体在自身建设的过程中不断探索、在与用户不断碰撞和交流的过程中寻找答案。随着数字技术的不断发展，流量逻辑在新媒体平台上拥有压倒性优势，在这一背景下，媒体在内容生产过程中应该警惕流量至上对内容

---

① 《广电总局印发〈关于加快推进广播电视媒体深度融合发展的意见〉的通知》，2020年11月13日，http://www.gov.cn/gongbao/content/2021/content_5582647.htm，2023年11月20日。

的侵袭，把握好语态转换的尺度，在不损失内容深度的前提下推进语态革命、引领媒体内容的新主流话语，最终建成高质量的新型主流媒体。

二、依托高新技术手段，实现智能高效生产

技术创新是推动媒体深度融合的重要动力。《关于加快推进媒体深度融合发展的意见》指出，要逐步构建网上网下一体、内宣外宣联动的主流舆论格局，建立以内容建设为根本、先进技术为支撑、创新管理为保障的全媒体传播体系。[①]加快建设全媒体内容供给体系，统筹考虑音频节目、短视频、竖屏节目等形式，针对不同场景和需求提供丰富多彩的内容。强化艺术与技术深度融合，加大移动端内容产品制播力度，加强超高清视频、沉浸式视频、互动视频、VR/AR/MR视频等高新视听内容供给，提供全息化、沉浸式、交互式视听体验。用新理念新技术支持云端化、智能化、专业化、社会化生产，提高内容质量和供给效率。[②]北京市科技资源和高校资源丰富，媒体可积极借助高校研究机构和技术公司等外部力量在内容生产层面，进行内容生产技术升级。

1.打造一次采集多次利用的生产云平台

随着云计算、大数据等技术的发展，打造专业的媒体生产云平台、帮助各级融媒体中心完成相应的业务系统改造、实现媒体资源利用效益最大化对于当前媒体发展来说至关重要。

大众报业集团依托"齐鲁智慧媒体云"支撑起集团全媒体传播工程，为全媒体传播体系建设培根筑基。"齐鲁智慧媒体云"通过引入多种技术，深入推进各媒体生产平台技术打通、数据贯通，逐步实现共建共享共用，消灭

---

① 新华社：《中共中央办公厅　国务院办公厅印发〈关于加快推进媒体深度融合发展的意见〉》，2020年9月26日，http://www.gov.cn/zhengce/2020-09/26/content_5547310.htm，2023年11月20日。

② 《广电总局印发〈关于加快推进广播电视媒体深度融合发展的意见〉的通知》，2020年11月13日，http://www.gov.cn/gongbao/content/2021/content_5582647.htm，2023年11月20日。

信息孤岛，改变传统新闻生产模式，大大提升新闻生产效率。"齐鲁智慧媒体云"包含"中央厨房""5G短视频智能生产平台""端媒统一生产管理平台""大数据及主题数据库""5G融媒体实验室"等融媒传播支撑项目，实现了选题管理、稿件审核、资源汇集共享、智能生产等多种功能。2020年，"齐鲁智慧媒体云"入选国家新闻出版署中国报业深度融合发展创新案例，获得全国传媒界最高科学技术奖"王选新闻科学技术奖"一等奖。[①]

北京市级媒体可参考优秀案例，依托北京地区雄厚的科技资源，建立自主可控的生产云平台，连接区、镇、村、社区媒体，实现资源有效利用、生产效率最大化。

2.利用人工智能技术实现部分信息的制作与分发

人工智能技术一直以来受到各行各业的重视。在媒体行业，人工智能技术的引入和应用势不可当。人工智能技术可以实现智能写作、智能编码、智能修复、语音转写、智能校对等，对媒体行业的采、写、编、评、摄等多领域具有重大的辅助作用。各大媒体应当注重人工智能技术的广阔前景，贴合业务实际进行运用。

目前，不少媒体已进行人工智能技术应用的尝试。如《四川观察》将人工智能与内容视频化作为战略发展中心，在新闻短视频生产、推送环节经由生产软件和智能工具实现人机协同制作目标，再根据专题分割成系列资讯话题，结合大数据算法多渠道、多终端、多平台投递，最终实现千人千面的个性传播，并通过弹幕、评论等形式实时接收受众反馈，继而优化新闻短视频内容生产。[②]

北京地区会议多、活动多、赛事多。各级媒体可以运用人工智能技术，对部分程式性新闻进行智能化采写，降低采编人员的工作压力。同时利用人

---

① 汤代禄：《"齐鲁智慧媒体云"支撑媒体深度融合发展》，《中国传媒科技》2021年第3期。
② 王颖：《媒体融合时代地方新闻短视频的内容生产与运营策略——以〈四川观察〉为例》，《出版广角》2021年第6期。

工智能技术分发新闻，实现个性化推送，并实时记录反馈数据进行后续优化。

3. 抓住5G机遇推进高清视频与直播

5G即第五代移动通信技术。不同于前四代的是，5G不再仅仅是让速度更快，而是一个体现着广带化、泛在化、智能化、融合化、绿色节能的网络。[①]5G最大的特点在于传输速度快，理论上每秒传输速度可达10 GB。这意味着通过5G网络，人们可以在任何终端上收看高保真视频和无卡顿直播，新闻现场与用户将实现几乎"零距离"。

北京市相关媒体应抓住5G机遇，重点在超高保真节目、现场实时直播、沉浸式传播等方面发力。例如在重大仪式、重大活动和重大赛事中，北京市媒体应发挥在现场的优势，利用5G技术，最大限度还原现场情况，让用户实时、沉浸式感受事件或活动。

4. 全面推进智能化内容生产

随着新技术的发展，媒体的智能化正成为不可阻挡的发展趋势。媒体的深度融合不仅意味着要积极应用当今的成熟技术，也意味着要对未来新技术的发展保持密切的关注，积极采纳新技术、推动自主技术的研发，乃至引领技术变革的新潮流。在Web 1.0和Web 2.0阶段，传统媒体在技术层面始终落于下风，这导致传统媒体在一定程度上丧失了互联网舆论阵地中的影响力。智媒时代的到来为传统媒体重新把握技术优势提供了一定的契机，媒体深度融合的发展必须紧紧抓住这一变革趋势，进而全面提升内容生产的效率和质量。需要注意的是，对新技术的使用应该以创新性应用为导向、以内容生产效率的提升为指引、以传播力的增长为目标，不应当盲目地追逐技术创新的潮流，不应不加区分地浪费人力、物力和财力。

---

① 韩春苗：《5G 时代与媒体融合》，《新闻战线》2017 年第 21 期。

三、创新内容报道方式，生产原创优质内容

1. 推进视频化、直播化、移动化媒体报道

创新内容报道方式，首先要推进媒体报道视频化、直播化、移动化。当前，互联网正在媒体领域催发一场前所未有的变革，读者在哪里，受众在哪里，新闻报道的触角就要伸向哪里，新闻工作的着力点和落脚点就要放在哪里。创新内容报道方式，应当与当下移动端阅读、碎片化阅读的习惯相适应。通过多种报道方式的配合与融通，生产出更多原创优质的内容组合，是智媒时代媒体安身立命之本，也是媒体深度融合进程的首要目标和方向。

《钱江晚报》创刊于1987年，隶属于浙江日报报业集团，是浙江省唯一的省级都市报。钱江晚报在新冠疫情期间暂停报纸出版，全员转向全媒体战线，第一时间在"小时新闻"客户端开通"抗疫频道"，发表5000多篇稿件，并充分发挥了客户端、官微、官博、抖音、快手等渠道的作用，不仅得到老用户的认可，更是收获了一大批新用户，使得总用户数量达到3000万人。钱江晚报以创意为重要的抓手，协调报社运营与内容生产部门，制定出一系列创意策划，将传统的文字产品转化为融媒体产品，打造了一批移动端IP品牌。如钱江晚报与浙江大学附属第一医院共同发出的《因为爱你，离你一米》，在全媒体平台上广泛传播，每位记者都以此为题创作并演唱MV，获得用户广泛关注。推出几天后得到了中央电视台《东方时空》的关注，还被众多省内外媒体借鉴。[1]

目前，北京地区也有不少媒体正在进行视频化、移动化转型，并取得了成效。其他媒体可以相互借鉴交流，根据自身特长寻找发力点，做到在重大事件、重大活动中拥有坚实的直播化、移动化传播能力。对于媒体来说，内容创新是根本。要深入基层、深入一线，运用丰富的新闻语言、形式、技巧

---

[1] 郭愚：《都市报全媒体抗"疫"报道及其创新——以〈钱江晚报〉为例》，《传媒》2021年第4期。

创作出有温度、有力度、有锐度的优质作品。①

2.提升内容的形态差异性和平台匹配度

近年来，中央及北京市都曾多次强调媒体融合向"纵深"发展的必要性，实现媒体深度融合，必须避免将媒体融合简单地理解为不同平台间的内容迁移，牢固树立面向新媒体生态进行内容生产的基本观念。随着互联网的发展，越来越多的新媒体平台正在崛起，需要注意的是，无论是微信、微博、抖音、快手、哔哩哔哩，还是更为小众的新兴平台，它们都具有自身的特色，并以此凝聚起了一批具有不同气质和偏好的用户，这些差异性的新媒体平台最终构成了完整的互联网传播生态。因此，传统媒体在生产内容的过程中，必须意识到不同平台之间的差异性，发掘平台与媒体自身特点之间的匹配性，并且面向不同平台生产差异化的内容。

北京日报"长安街知事"、新京报"剥洋葱"、北京青年报"政知"系列等微信公众号之所以总体上比较成功，是因为这些账号中的内容与微信平台具有一定的适配性、与微信用户的偏好在一定程度上吻合。同样，"养生堂"系列账号在短视频平台取得了较好的传播效果，体现了健康内容在新媒体平台的影响力。

3.推进内容生产流程重组和优化

传统媒体的深度融合过程中，常常会受到既有组织架构、采编流程惯性和传统思维观念的束缚，新型主流媒体的建成以及媒体传播力、引导力、影响力、公信力的实现需要以内容生产流程的重组和优化为基础。首先，内容生产流程的转变需要从调整观念入手。传统的媒体内容生产主要面向报纸中的文字内容，随着音视频内容逐渐发展成互联网中的主流，媒体生产者必须改变自己的观念，积极采纳新的内容形式、努力寻求用户偏好和主流价值之间的结合点。需要注意的是，互联网中的音视频与传统的广播、电视仍然有

---

① 梁振君：《融媒时代重大主题报道的创新传播路径》，《青年记者》2021 年第 4 期。

很大区别，因此，任何传统媒体的内容生产者都不能固守自己熟悉的领地，以自大的心态拒绝思维创新、内容创新。其次，媒体应当在采编流程层面进行创新性探索，尽快实现内容生产流程的重构和优化。目前，大多数媒体在融合转型的过程中都采用"中央厨房"模式来重构采编流程，北京市相关媒体在发展的过程中尤其应当警惕这一惯性策略，要结合自身组织发展情况进行合理化布局，在转型升级的过程中守卫好自己的优势内容阵地，进而争取为全国媒体的转型升级贡献北京路径。最后，内容生产流程的调整最终要导向组织架构的重组，包括管理方式、激励机制、分工制度等方面的系统性调整。

四、坚持本地视角和用户思维，挖掘首都地区特色优势

一方面，媒体的内容生产应从实际出发，立足自身优势、寻找优质资源，从而为内容生产提供源源不断的支撑；另一方面，媒体生产的内容应该与用户群体紧密连接，内容生产的策略需要依据用户需求进行灵活调整。北京市作为全国政治和文化中心，其为媒体内容生产提供的资源远远超越了国内其他省市，北京市各级媒体需要考虑的是如何深度挖掘这些首都特色内容，进而满足北京市民用户乃至全国各地媒体用户的核心时政新闻需要，打造出具有首都特色、首都气派的新型主流媒体。

1. 立足本地区特色，打造本地化特色栏目或板块

北京市各级媒体的内容应以首都地区为主、以首都地区优先。传统媒体时代，本地化内容是区域性媒体的立身之本，互联网时代，媒体内容的地域区隔正在被打破。但是，作为首都，北京本身具有浓烈的非地域色彩，立足北京的本地化内容具有全国范围的重要性和参照价值。因此，北京市各级媒体的内容应首先实现本地化和特色化。[①]

一些地方媒体结合地方文化特色如快板、方言、地方戏等群众喜闻乐见

---

① 宋全浩：《县级融媒体中心做好抗疫报道的本地化策略》，《记者观察》2020年第11期。

的形式进行"花式报道"，打造"土味""硬核"的融媒体宣传新气象。安徽省休宁县融媒体中心考虑到大部分山区老年人只能听懂当地方言这一实际情况，邀请当地方言发言人走进录音室，录制了休宁方言、江西婺源方言、屯溪方言等版本的疫情防控音视频。浙江省瑞安市融媒体中心借助"鼓词+抖音"形式，把勤洗手、戴口罩等与国家级非遗——温州鼓词相结合创作方言宣传短视频，在抖音平台上播放，产生了较好的社会反响。①

北京是一座历史悠久的文化古城，也是一座现代化的国际都市，在这双重身份之中，存在大量融媒体内容的生产空间。以完善的区级融媒体中心为基础，北京市各级媒体可以在合作探索中实现内容的深度挖掘、向下挖掘，从而生动地讲出北京地区的本地化故事和中国故事的首都版本。

2.利用用户资源建立UGC内容库，推进社会化协同生产

北京地区人口总量多、流动量大，包含本土人口、学生、职业工作者、自由工作者等多种人群。这些多元的人群正在用自己的力量为北京创造更大的价值。媒体应关注这些可以利用的用户资源，通过本地化战略将这些"潜力股"纳入UGC内容生产库，实现社会化协同生产。

一方面，北京市各级媒体可以通过对接高校、企业等举办活动，寻找稳定的UGC内容生产者。如四川观察通过与地方高校、主流媒体及各类互联网平台联合举办创意短视频大赛、数字四川创意大赛等活动，在加强全民互动的同时，获得了众多优质的原创内容资源，为地方新闻短视频的内容多样性提供了重要支持。②

另一方面，北京地区媒体可以通过特定活动，征集用户素材，并合理有效加工利用。如钱江晚报一方面策划组织UGC内容生产，推出用户互动活动"此刻，我想对你说""逆行而上——新时代最可爱的人""疫线面孔读后感"

---

①　宋全浩:《县级融媒体中心做好抗疫报道的本地化策略》,《记者观察》2020年第11期。
②　王颖:《媒体融合时代地方新闻短视频的内容生产与运营策略——以〈四川观察〉为例》,《出版广角》2021年第6期。

等一系列征集活动，吸引上百万人在客户端上传文章、图片和视频，参与到内容生产中；另一方面对UGC内容进行再次利用，通过整理和创作，生产出新的内容，从而提升了用户参与的积极性和活跃度。[①]

五、打通业务活动链，塑造全媒体品牌

为了保障内容生产流程的有效运转，还应当注意业务活动链的打通，尤其是加强对品牌、版权和数据等无形资产的合理开发、规范使用，防范侵权盗用。在媒体品牌的建设中，需要注重保护原创积极性，保护开发内容创意、工作室团队、播音员主持人等核心资源。[②]

北京市各级媒体应加强融媒体品牌建设。一方面要积极保护原创作品、数据资源和版权等无形资产；另一方面也要挖掘媒体自身的特长，塑造媒体品牌。例如，新冠疫情期间，人民网立足主流传播平台优势，整合政务资源、社会资源，利用领导留言板、"人民好医生"App、金台圆桌等多个服务平台，开设"抗击疫情意见征集平台"，为中央部委和各级地方党委政府提供工作线索超3万件；"战疫情抓复产——意见建议与问题线索征集"活动，帮助企业做好复工复产工作，超过1.6万条信息得到政府部门回复和解决；召开30多场线上企业对策研讨会，200多家企业参加研讨，及时反映企业当下面临的困难和提出的建议，[③]打响了媒体品牌。此外，媒体也可以借鉴互联网、自媒体人的做法，积极开发相关文创产品，用内容反哺商业，设计推行如帆布包、书签、日历等文创用品，培育忠实用户和顾客。

总之，北京市各级媒体应当充分挖掘本地化特色和首都区位优势，全面调整内容生产流程，进而构造起首都地区媒体的品牌优势。其中，如何将具

① 郭恩：《都市报全媒体抗"疫"报道及其创新——以〈钱江晚报〉为例》，《传媒》2021年第4期。
② 《广电总局印发〈关于加快推进广播电视媒体深度融合发展的意见〉的通知》，2020年11月13日，http://www.gov.cn/gongbao/content/2021/content_5582647.htm，2023年11月20日。
③ 人民网：《唐维红：媒体融合能为品牌带来什么？》，2020年7月23日，https://baijiahao.baidu.com/s?id=1672992451139441275&wfr=spider&for=pc，2023年11月20日。

有首都特色的内容优势转化为新媒体平台中的品牌优势，是北京市相关媒体面临的一大核心难题。媒体的内容生产者必须正视互联网时代的用户需求，寻找优势资源与用户偏好之间的结合点，最终打造出具有竞争力的创新型融媒体品牌。

第二节 发挥首都优势，构建智能化的全平台分发体系

2020年11月3日，《中共中央关于制定国民经济和社会发展第十四个五年规划和二〇三五年远景目标的建议》发布，明确提出"推进媒体深度融合，实施全媒体传播工程，做强新型主流媒体，建强用好县级融媒体中心"。媒体融合不仅关系到媒体的生存发展问题，更是国家战略。推进媒体深度融合，应当着眼于共建共治共享，做大做强主流舆论，充分发挥媒体融合发展对治国理政的重要服务作用，助力社会治理能力创新。当前，我国媒体融合不断向纵深发展，传统媒体逐渐将自身内容生产优势转换为平台优势，内容分发逐渐成为媒体融合过程中的关键维度，如何把优质内容分发出去、让信息服务到达用户也成为主流媒体面临的主要问题之一。

一、北京市主流媒体内容分发的渠道建设

在行动上，媒体融合一方面要进行技术手段、渠道、平台等基础设施建设，另一方面要进行内容生产、话语形态、表现形式方面的建设。[1]中共中央办公厅、国务院办公厅印发的《关于加快推进媒体深度融合发展的意见》强调，要尽快建成一批具有强大影响力和竞争力的新型主流媒体，"强化媒体与受众的连接，以开放平台吸引广大用户参与信息生产传播，生产群众更喜爱

---

[1] 人民网：《媒体融合写入"十四五"规划建议如何融？专家解读》，2020年11月10日，http://www.people.com.cn/n1/2020/1110/c32306-31925926.html，2023年11月20日。

的内容，建构群众离不开的渠道"①。渠道建设是内容分发的关键环节，要建设充分发挥媒体服务功能的渠道，建设满足人民群众对优质信息需求的渠道，建设党和政府联系群众、服务群众、凝聚群众的渠道。

1. 渠道建设：内容分发的关键环节

在内容分发的基本模式中，内容、分发、用户是三个核心要素。其中，分发渠道连接着内容与用户，是内容分发的关键环节。渠道建设对于提升传播效率、优化传播效果都起到积极作用。

图4　内容分发的基本模式

首先，渠道是搭载内容的直达车，对内容是否被传达、被看见起到决定作用。渠道原指在河、湖或水库等周围开挖的水道，即水流的通道。在传媒领域，"渠道"一词即延伸为传播渠道。传播渠道直接关系到内容是否传得出、落得住、看得进②，主流媒体所采集、生产的内容都需要一定的渠道分发出去并抵达用户。因此，渠道建设成为传播能力建设的重要组成部分和内容分发的关键环节。

其次，在媒介变革的时代，传播渠道越来越趋向于多元、融合发展。传统媒体时代，主要的传播渠道包括报纸、杂志、广播、电视等，功能单一、互动性较差。在互联网时代，新技术推动媒介生态的发展，传播渠道数量大增，并且内涵和外延都产生了新变化。互联网的传播渠道是一个渠道集成，

---

① 赵淑萍、崔林、吴炜华：《构建媒体深度融合发展新格局》，2020年12月22日，https://epaper.gmw.cn/gmrb/html/2020-12/22/nw.D110000gmrb_20201222_2-06.htm，2023年11月20日。

② 李宇：《浅析广播电视国际传播渠道建设融合发展的概念、内涵与路径》，《现代视听》2021年第6期。

已拓展成有无数个渠道的媒介平台。[①]

最后，互联网时代，传播渠道数量多、进入门槛低，传播效果应当成为新的渠道价值评估指标。面对媒体融合的不断发展，传统媒体提出要建设全媒体平台体系，希望在所有新媒介、新平台上建立新传播渠道。互联网时代并不缺乏传播渠道，媒体将自己的内容搬运到这些平台和渠道上也很容易，但分发之后的传播效果如何？内容是否真的能有效传达到用户？传播效果应当成为新的渠道价值评估指标，内容与用户的匹配程度越高、传播效果越好，渠道的价值就越高。

2.智媒环境：主流媒体与商业平台的关系

媒介生态的快速革新对传统媒体的新闻生产和内容分发产生颠覆性的影响。一段时间内，主流媒体"借船出海"，借商业平台扩大主流舆论影响力，客观上在我国信息传播领域形成了主流媒体机构生产的内容主要通过商业平台在互联网分发的格局。而今天，主流媒体机构更多强调建设自主可控平台。智媒语境中，媒体与平台、平台与平台之间的合作与博弈日益增多，关系形态趋于复杂。[②]

首先，主流媒体自建平台与商业平台之间存在用户争夺。在传统媒体的语境中，新闻生产和分发都由媒体机构完成；媒体记者和编辑完成新闻采编，再通过媒体自身的发行或播出渠道完成内容的分发[③]，渠道作为稀缺资源被媒体掌控，用户也通过渠道聚集传统专业媒体。而随着互联网时代的来临，注意力资源取代传播渠道成为稀缺资源，分发渠道增多，为了提高内容"可见度"，媒体"借道"商业平台进行分发。商业平台逐渐垄断内容分发渠道，广

---

① 谭天：《从渠道争夺到终端制胜，从受众场景到用户场景——传统媒体融合转型的关键》，《新闻记者》2015 年第 4 期。

② 夏雨禾：《"智媒化"语境中的新闻传播——对智能技术与新闻传播关系的思考》，《编辑之友》2019 年第 5 期。

③ 陈昌凤、王宇琦：《新闻聚合语境下新闻生产、分发渠道与内容消费的变革》，《中国出版》2017 年第 12 期。

告商也转向了这些平台。即使专业媒体自身的分发渠道也在变化，大量新闻客户端产生，还是只有少量的由传统媒体生产的内容在传统媒体自有的渠道中完成分发，绝大部分内容则流向了商业平台，用户注意力的争夺愈演愈烈。

其次，媒体转型需要强大的技术依托，因而技术成为互联网时代媒体竞争的又一核心之处。自主研发需要很强的资金和人力支撑，这背后往往需要政府和社会的资本支持。但从目前情况来看，政府给予互联网公司的政策优惠以及互联网公司本身的资金实力远超传统主流媒体，这带来了主流媒体在技术研发过程中的相对劣势，新设备、新兴人才往往更多流向互联网行业，造成主流媒体平台和渠道建设的劣势。

最后，智媒语境中，平台的技术标准主要体现在平台算法。[①]商业平台更早地大量运用了机器算法和爬虫技术，极大地提升了内容生产和分发的效率，使更多依赖人工编辑的传统媒体面临内容生产焦虑。当前，商业平台拥有比较明显的技术优势，但其算法体系也存在不容忽视的问题，因而主流媒体与商业平台之间的关系仍然处于竞争与合作共存的博弈状态。

3. "自建+合作"：北京市属媒体的内容分发渠道

北京市层面的主流媒体全面加强线上渠道建设，其内容分发渠道呈现出"自建平台+商业平台合作并存"的局面，初步构建了全媒体、多渠道的传播格局。主流媒体普遍建成了"两微一端"（微博、微信、客户端），并入驻百家号、头条号等内容聚合平台，这些平台为媒体、自媒体、企业、政府机构提供账号接口发布内容，使媒体内容更精准地抵达更广泛的用户。另外，抖音、快手、西瓜视频、微信视频号等短视频传播平台渠道也拥有大量流量，主流媒体入驻这些平台并形成传播矩阵，持续稳定输出短视频形式的新闻产品。

以新京报为例，包括新京报报纸、新闻App、微博、微信、抖音、快手、

[①] 夏雨禾：《"智媒化"语境中的新闻传播——对智能技术与新闻传播关系的思考》，《编辑之友》2019 年第 5 期。

新京报网、千龙网在内的全媒体平台已覆盖超1.4亿人次的受众。新京报App实现了20个频道、146个栏目、7×24小时不间断新闻推送，日均原创内容达到450条，用户下载量已突破7500万人次；"我们视频"日均播放量超2亿人次；新京报官方微博粉丝数位列都市报第一；新京报微信矩阵总粉丝数超过1000万人。①

即使是自建平台，主流媒体在技术上同样也会寻求与商业平台的合作。如新京报App的内容是由新京报打造，技术方面则由今日头条提供全程技术支持，采用了业界主流的技术架构和技术标准。新京报将以移动传播、视频表达为优先，把移动客户端作为新京报传播主阵地打造，并适时推出"新闻"业务（政务、民生、服务）②。

二、北京市主流媒体内容分发的关键任务

中共中央办公厅、国务院办公厅印发的《关于加快推进媒体深度融合发展的意见》指出，尽快建成一批具有强大影响力和竞争力的新型主流媒体，逐步构建网上网下一体、内宣外宣联动的主流舆论格局，建立以内容建设为根本、先进技术为支撑、创新管理为保障的全媒体传播体系。当前，媒体融合步入"下半场"和"深水区"，北京市主流媒体在内容分发建设中还存在许多亟待解决的关键问题。

1. 避免渠道失灵，传达首都声音

渠道是内容分发的关键环节，渠道失灵则会带来传播效应下降。由于"渠道失灵"，传统媒介普遍陷入影响力不强的困境。③

首先，传统主流媒体的短板不仅体现在技术方面，而且体现在平台和渠

---

① 新京报：《"新京报小屋"亮相服贸会，沉浸式体验邀观众过把"记者瘾"》，2020年9月4日，http://www.bjnews.com.cn/news/2020/09/04/765608.html，2023年11月20日。
② 北京商报：《新京报App全新上线今日头条提供全程技术支持》，2018年11月1日，http://media.people.com.cn/n1/2018/1101/c40606-30374943.html，2023年11月20日。
③ 喻国明、弋利佳、梁霄：《破解"渠道失灵"的传媒困局："关系法则"详解——兼论传统媒体转型的路径与关键》，《现代传播（中国传媒大学学报）》2015年第11期。

道方面。过去，传统媒体通过垄断渠道取得内容的唯一性，而智媒环境下的商业平台通过基于社交关系或机器算法的分发机制获得了比传统主流媒体更多的用户份额，并对内容分发渠道形成了近乎垄断式的占据。在重大主题报道尤其是时政新闻报道中，主流媒体有着很强的新闻采写和策划能力，但是内容分发层面的能力较弱，最终只能将优质内容廉价转让给商业平台，成为别人的"流量密码"。许多优质的融媒作品或新闻内容，其影响力的发酵都是从微博、微信、B站、抖音等平台开始。以央视新闻发布的中国共产党成立100周年原创Rap歌曲《振山河》为例，在央视频客户端的视频观看量仅有26.5万人次，而在B站的视频观看量为537万人次，话题#唱支Rap给党听#登上微博热搜榜第一后，相关话题阅读量为3.8亿人次。

其次，渠道失灵的另一个表现是重大突发事件（重要政策发布、公共安全、公共卫生事件等）在局部的失声，新闻内容没有及时、有效传达到用户端。重大突发事件的新闻传播渠道失灵会带来严重后果，可能给谣言传播提供可乘之机，也会损害政府公信力，影响社会稳定。现在，各级政府突发事件信息传播能力和危机控制能力显著增强，但在部分重要政策公布和公共安全事件中仍然存在失声的现象，需要引起重视。

最后，算法带来的信息偏向会带来"过滤泡"和"回音室"的困境，也可能使某些内容传播效果被放大，而另一些内容被算法遮蔽，如果不及时得到纠正，这种马太效应会越来越强。与马太效应相关，算法也可能造成信息环境这一"拟态环境"的整体失衡。

2.加强平台合作，促进分发破圈

2016年2月19日，在党的新闻舆论工作座谈会上，习近平总书记强调，要尊重新闻传播规律，创新方法手段，切实提高党的新闻舆论传播力、引导力、影响力、公信力。新闻舆论工作的传播力要求主流媒体、政府机构充分利用和组合各种传播渠道、传播方式，迅速扩散信息并获得良好传播效果，新闻舆论工作的影响力属于效果范畴，主要包括影响的广度和深度。为了增强内容分发的传播力、影响力，主流媒体不可能完全抛弃商业平台，还需要加强与商业平台的合作，促进分发破圈。

首先，在新型传播平台的建设过程中，人才是关键资源。主流媒体必须在内生机构中激发组织和人才活力。为此，应虚心向商业媒体平台学习，突破僵化的体制机制，因地、因人制宜改革平台管理机制，找准激发平台和人才活力的良性循环动力，简化工作程序；还应了解人才需求，建立良性竞争的激励制度和灵活的晋升通道，优化团队，打造政治硬、本领强、求实创新的平台队伍。①

接入互联网商业平台后，同样面临着海量信息井喷、传播效率低、渠道闲置、内容同质化的问题，如何吸引用户、持续为用户提供优质的信息与服务？"两微"体量大、数目多，但是否能发挥应有的作用？是否能保持高活跃度？是否有效运营？内容质量与传播效能如何匹配？另外，受到地域（海淀区、朝阳区与房山区、延庆区）、层级（市级媒体与区县媒体）等因素的影响，不同媒体的分发影响力差异较大，这要求主流媒体根据不同平台的传播特点采用一定的传播策略。

3. 明确发展方向，自主研发算法

作为首都，北京必须在整体层面上自建平台、自主研发算法，这是舆论引导的需要，也是数字化发展的需要，更是首都城市定位的需要。

首先，习近平总书记在党的新闻舆论工作座谈会上指出，尊重新闻传播规律，创新方法手段，切实提高党的新闻舆论传播力、引导力、影响力、公信力。从渠道来说，要提高在舆论传播中的引导能力，就必须加强主流媒体的网络传播能力建设，确保在舆论事件发生时，主流媒体能够有网络发声和舆论引导的"载体"，引领正确舆论导向，因此必须着力于自有平台、自有渠道、自有算法的建设。

---

① 沈维梅：《从商业媒体平台之扩张谈主流媒体新型传播平台的打造》，《科技与出版》2021年第4期。

其次，以习近平同志为核心的党中央高度重视数字化发展，明确提出数字中国战略。党的十九届五中全会通过的《中共中央关于制定国民经济和社会发展第十四个五年规划和二○三五年远景目标的建议》明确提出要"加快数字化发展"，数字经济、数字社会、数字政府，是数字化发展的重要组成部分。随着移动互联网渗透率的提升，以及5G时代的到来，手机新闻客户端已然成为人们获取资讯的主要途径。新型传播平台的打造具备了市场基础。①

最后，新版的《北京城市总体规划（2016年—2035年）》明确了"全国政治中心、文化中心、国际交往中心、科技创新中心"的战略定位和"建设国际一流的和谐宜居之都"的发展目标，提出了围绕优化提升"都"的功能来布局推进"城"的发展。②其中，"四个中心"的定位要求北京充分发挥政治安全、舆论疏导的功能，这要求北京市具备自己的内容体系和发声渠道，并且网络发声"载体"或渠道必须牢牢掌握在主流媒体和政府机构手中。

三、北京市主流媒体内容分发的实施路径

北京市主流媒体内容分发的建设一方面要有"突破"，着力解决媒体融合发展面临的关键技术问题，搭建自主可控的分发平台，并在这个平台上使用户的需求得到充分满足，从而使平台具备强大的黏性；另一方面要在原有的层次上着力进行分发破圈，增强互联网影响力。

就北京市主流媒体的平台与渠道建设的未来发展而言，在很长一段时间内，"自建+合作"这一基本格局不会改变。即，主流媒体与商业平台的合作将持续下去，但作为首善之都，从整体层面上而言，曝光率是非常重要的，北京市主流媒体必须自建、自有、自用一套"北京算法"，建设拥有海量用户和多种资源、功能强大的区域性全国级平台"北京号"，传达重大主题报道与

---

① 沈维梅：《从商业媒体平台之扩张谈主流媒体新型传播平台的打造》，《科技与出版》2021年第4期。

② 北京市规划和自然资源委员会：《北京城市总体规划（2016年—2035年）》，2018年1月9日，http://ghzrzyw.beijing.gov.cn/zhengwuxinxi/zxzt/bjcsztgh20162035/202001/t20200102_1554613.html，2023年11月20日。

重大突发事件的内容，传递首都声音。

1.突破：搭建自主可控的"北京号"

要真正掌握话语权、获得曝光率，必然采取搭建自主可控平台而非进入商业平台的方式。北京市主流媒体应当借鉴已有成熟模式，结合首都实际需求与特色，建设自有渠道平台"北京号"。"北京号"将是一个采集上报、统一管理、对外分发的平台，其以政府经费进行分发补偿，采用地方性命名，在全国范围内进行新闻源的供给。未来，"北京号"将承担起信息服务和舆论引导的责任，成为对外传递北京声音、引领正确舆论导向的首都"信息窗口"，承担起统筹首都、联通全国的责任，成为一体统筹、一呼百应的全国"信息航母"。在纷繁复杂的舆论场中传递主流声音，彰显公共价值，回归服务初心。

（1）内容平台：自主、可控、一体化的城市"信息航母"

首先，"北京号"能够实现资源有效整合与共享，通过统一的信息采集和新闻交换打造北京市的新闻信息"内容池"，并设置不同的内容"蓄水池"即内容分区，在不同内容池与账号体系之间形成联动，建设成为全国的"新闻核心舱"和"信息航母"。"北京号"统一采集、统一上报、统一管理、统一分发，统筹不同的账号与信息数据，融合全市资源，打通信息孤岛，形成一体统筹、协同互通的"北京号模式"。发挥市级一体化优势，依托聚合型的平台实现迅速、有效的内容分发。针对重大主题报道，可以实行"专题共享"制度，对重大活动进行联合集中策划，群策群力。

其次，要实现有效的内容分发，还需要持续增强平台传播力、影响力。一方面，"北京号"在平日可以通过紧跟社会公共信息热点、加强内容把关、注重获取用户反馈等方式提高用户的关注度和点击量，使得舆情一旦出现，有更多民众能关注到"北京号"的内容；另一方面，在公共舆论事件发生时，"北京号"要确保其内容能够被更多的用户和公众分享、传播，形成在微博、朋友圈、微信群等平台中的"刷屏"之势，实现网络舆论的正向引导。

最后，传媒产品除了具有一般商品属性，还具有内容属性和精神属性，具有作为影响力经济的特性，在传播过程中会产生极大的外部性[①]，比如重大突发事件等没有排他性的公共信息，容易产生"搭便车"行为造成市场调节失灵，需要公共机构提供。因此，"北京号"可以依靠公共财政支持，同时提升直面市场的竞争意识和能力本领，通过成立单独团队和投资公司等方式解决外部性问题。

（2）内容采编：全方位、无死角、"毛细血管式"的基层信息采集

重大突发事件往往事关公共安全和社会稳定，因此相关的新闻内容需要在第一时间全网无死角覆盖到北京市所有人口，这不仅要求信息分发的迅速、及时，更要求对信息采集方式进行创新。

作为媒体生产的第一环节，信息采集必须予以重视。北京市地域广阔，"地毯式"采集并不现实，因此可以使用自采集的方式，将区级融媒体作为信息采集与上报的渠道，从而形成像"毛细血管"一样的探测式采集网，同时利用信息化手段，在"北京号"后台系统中实时上报，并利用互联网云技术进行数据处理工作，对信息进行核查、检错、纠错。"一次采集，全平台共享"，一方面保证了信息采集与上报的高效和即时反馈，另一方面避免了信息重复采集上报带来的人力财力浪费。

（3）内容分发：迅速、广泛、多层次联动的"北京算法"

其一，现阶段，算法推荐系统可划分为三个不同的种类：第一是协同过滤推荐；第二是以内容为核心的推荐；第三是关联规则推荐。[②]算法推荐系统的广泛运用和信息的个性化定制使信息个人化转向已成潮流。[③]尼古拉斯·尼葛洛庞帝在《数字化生存》一书中就预言了极端个性化的"我的日报"的出

---

①　刘园香：《传媒产品传播的外部性和治理》，《新闻研究导刊》2016 年第 16 期。
②　靖鸣、管舒婷：《智能时代算法型内容分发的问题与对策》，《新闻爱好者》2019 年第 5 期。
③　李凌、陈昌凤：《信息个人化转向：算法传播的范式革命和价值风险》，《南京社会科学》2020 年第 10 期。

现，即"每个人都可以在其中挑选我们喜欢的主题和看法"。[①]

凯斯·桑斯坦指出，为了摆脱"信息茧房"的困境，需要创建网络世界的"人行道"。就像人们在逛街时不知道自己会碰见什么人、不在计划内的事情，不同的人群因此有新鲜的体验和言行互动，媒体也应该在用户无法想象的地方，为他们分发各种不在计划内的信息。[②]"北京号"应当建设这样一种"网络人行道"，通过人工分发与算法分发相结合的方式，使人们可以接触到不同的观点信息，能够让社会上不同层次的人都可以对各种领域的信息有所接触。也即，一边给用户提供个性化服务，一边给用户提供"家长式"帮扶，努力实现互联网全平台信息共享，打破网络传播的"信息茧房"局限。

其二，作为首都，北京市一方面有着"政治中心、文化中心、国际交往中心、科技创新中心"的城市定位，承担着国家行政和文化功能；另一方面具有丰富新闻资源的区位优势，北京市主流媒体应成为时政新闻集散地，肩负着全国时政新闻建设的力量。尤其对重大主题报道而言，更需要提高分发能力。为此，北京市级媒体可以借助其他有影响力的重要区域媒体平台和渠道增强话语权，强化在全国范围内的新闻植入分发，加强信息互换，形成渠道联动。

新闻共享交换是增强话语权的重要方式，以欧亚地区俄语新闻共享交换平台项目为例，它面向欧亚地区的俄罗斯、哈萨克斯坦、白俄罗斯、吉尔吉斯斯坦和塔吉克斯坦等国家电视台推送以我国时政、经济、文化和民生为主要内容的新闻报道，并在境外的电视和新媒体端播出。与之类似，北京市主流媒体可以与学习强国、四川观察等有影响力的区域平台合作，通过新闻共享形成新闻交互网，加强渠道力量。

其三，重大突发事件的报道格外强调时效性，要求在最短时间内迅速铺

---

① 尼古拉斯·尼葛洛庞帝：《数字化生存》，胡泳、范海燕译，北京：电子工业出版社，2017年。
② 靖鸣、管舒婷：《智能时代算法型内容分发的问题与对策》，《新闻爱好者》2019年第5期。

开，广泛抵达用户。因此，针对突发事件，"北京算法"要有应急分发权重，确保在第一时间发布基本事实、传递事件进展。2021年8月，北京市人民政府印发《北京市突发事件总体应急预案（2021年修订）》，修订后的《市总体预案》对北京市应对自然灾害、事故灾难、公共卫生事件、社会安全事件四大类突发事件的全流程作出了总休规定，要求遇有重大突发事件，主责部门要加强网络舆情的监测与响应，第一时间通过权威媒体向社会发布信息，最迟应在5小时内发布。重大、特别重大突发事件发生后，24小时内组建新闻发布中心，及时、准确、客观发布突发事件信息。[①]"北京号"平台应当遵循修订后《市总体预案》的要求，承担起第一时间收集信息并向社会发布的责任。

2.保底：提升原有分发效能

商业平台在大众舆论视野中的影响力不容忽视，主流媒体所积累的内容优势短时间内并不能有效转化为聚拢用户、沉淀用户的核心竞争力。据2020年7月20日艾媒咨询发布的《2020年6月中国手机App榜单》显示，中国手机新闻客户端市场格局保持稳定，其中腾讯新闻、今日头条月活用户数量均超2亿人，以绝对领先优势位居行业前列。极光大数据发布的《2020年新资讯行业年度盘点报告》也显示，截至2020年末，新资讯行业月活量维持在6亿人以上，全网渗透率接近80%，位于渗透率头部的新闻资讯App为百度App、今日头条和腾讯新闻。[②]

因此，在蓄力自有平台发展的同时，也要加强与商业平台的合作并嵌入其中，占领用户的"第一地带"，促进原有的资源在分发层面上破圈，形成更大的分发效能，同时反哺自有平台。在交互驻场中，主流媒体可实现对商业

---

① 《北京市人民政府关于印发〈北京市突发事件总体应急预案（2021年修订）〉的通知》，2021年8月6日，http://www.beijing.gov.cn/zhengce/zhengcefagui/202108/t20210806_2457870.html，2023年11月20日。

② 沈维梅：《从商业媒体平台之扩张谈主流媒体新型传播平台的打造》，《科技与出版》2021年第4期。

平台传播内容的引导与监管，并兼顾对用户隐私的适度保护。①

　　需要注意的是，不同的商业平台有不同的平台调性和分发逻辑，在入驻合作中要注重传播策略，根据不同的平台内容分发逻辑在不同平台进行内容运营。例如，抖音主打"推荐页"，通过"初始流量池运营""重新挖掘内容库"等方式集中分发内容，因此用户和内容创作者之间的"关注"关系被弱化，社区氛围也较弱。快手则主打"关注页"，快手首页中的"关注""发现""同城"三个频道，分发比例约为2∶2∶1，兼顾粉丝关系、机器算法和地域关系，这一方面会保证平台流量不被头部创作者垄断，另一方面会形成强关注的内容社区。而B站则基于粉丝关系和用户兴趣进行分发，目前B站用户浏览量约70%来自推荐，30%来自用户主动搜索。②

第三节　深耕首都资源，加强智媒时代的用户开发与拓展

　　数字时代，媒体与用户之间的关系发生变革，"以用户为中心"逐渐成为主流媒体在融合发展中的共识。2020年9月，中共中央办公厅、国务院办公厅印发《关于加快推进媒体深度融合发展的意见》，并指出，"强化媒体与受众的连接，以开放平台吸引广大用户参与信息生产传播，生产群众更喜爱的内容，建构群众离不开的渠道"，体现了对全媒体时代媒体贴近群众和服务群众的高度重视。如何深化用户的开发与拓展，强化媒体与用户之间的连接，是媒体融合发展面临的重要挑战。

　　目前，各媒体用户开发拓展的实现路径主要包括在理念上更新用户观念、利用数据技术深入理解用户、构建媒体与用户之间的协作关系三个方面。北

---

① 沈维梅：《从商业媒体平台之扩张谈主流媒体新型传播平台的打造》，《科技与出版》2021年第4期。

② 陈璐：《新设知识区，B站破圈的平衡术》，2020年6月8日，https://www.sohu.com/a/400430040_114778，2023年11月20日。

京地区媒体用户规模大、类型丰富，在首都的区位优势之下，北京地区媒体在用户开发拓展上还有独特的内容资源、技术资源和情感资源的加持。因此，首都地区媒体的用户开发和拓展的发展空间很大，媒体应充分挖掘本地的资源优势，厘清用户开发拓展的理想目标和基本路径，采取积极有效的措施实现用户的拓展和培育。

一、首都地区媒体用户开发拓展的战略目标

2021年2月1日下午，北京市委全面深化改革委员会召开第十六次会议，审议了《北京市关于加快推进媒体深度融合发展的实施方案》，指出"要深刻认识全媒体时代推进媒体深度融合发展的重要性和紧迫性，牢牢掌握全媒体时代舆论场主动权和主导权"。根据《北京城市总体规划（2016年—2035年）》，北京城市的战略定位是"四大中心"——全国政治中心、文化中心、国际交往中心、科技创新中心。为了服务首都"四大中心"功能定位，满足社会主义现代化国际大都市治理的要求，发挥在引导公众、解读各项政策服务上的作用，推动实现符合最广大人民利益的"善治"，首都地区媒体应深化与用户之间的连接，充分了解并响应用户需求，推动建立与用户之间高效的协作关系。

数字时代，新技术新应用快速发展，传播生态格局发生深刻变化，各种社会思潮不断涌现，主流媒体的中心地位受到挑战，媒体与用户之间的互动关系正在重构，这对主流媒体"走好网上群众路线"提出了新的要求，对媒体如何看待并构建与用户之间的关系提出了新的挑战。在智媒时代语境下，主流媒体需要重新理解用户——用户既是一种媒体可利用的资源，也是媒体的合作主体。主流媒体的角色定位也应转变升级，应从内容生产者、信息传播者扩展为新时代社会发展和治理的综合信息平台，应着力于深化用户开发与拓展，更好地服务用户、引导用户。

与用户建立起稳定、丰富的连接是媒体赖以生存的基础，也是媒体实现传播力、引导力、影响力和公信力的前提。首都地区媒体的用户开发拓展，

尤其要明确自身的发展定位，以服务群众、联系群众、引导群众、依靠群众的目标来指引媒体的改革方向。智媒时代为媒体的深度融合带来了巨大的机遇和挑战，面对这一技术背景，北京地区媒体应该树立起更为长远的发展目标，从而真正建成智媒时代的新型主流媒体。第一，要广泛开发用户，全力重建智媒时代的用户优势。第二，要深度拓展用户，精准把握用户的核心需求，与用户建立起深度连接。第三，要信赖和依靠用户，智媒时代将是用户高度嵌入媒体生产流程的时代，媒体应积极重视用户对新闻线索的挖掘能力、对新闻内容的重新组织能力和对新闻价值的再度挖掘能力。

二、首都地区媒体用户开发拓展的战略思维

1. 重新认识用户，更新用户观念

媒体深度融合进程中，用户开发与拓展的前提是在理念上重新认识用户，更新用户观念。

传统媒体时代，媒介传播模式以媒介为核心；数字时代，媒介传播模式转变为以用户—媒介互动为核心。[1]在用户与媒介的互动关系中，用户扮演着越来越重要的角色。在媒体融合的前期，一些媒体对用户的认识可能较为局限，将用户仅仅看作一种媒体可利用的资源，通过用户增长实现媒体经济效益。在深度融合的进程中，重新认识用户是各媒体的必由之路，媒体对用户的认识逐渐得到扩展——用户不仅是媒体的资源提供者，还是媒体的合作主体，用户的需求满足和自我价值实现是融合发展的目标。

智媒时代的媒体生产者要明晰自己的身份定位，一方面，要注意对用户的引导；另一方面，不能自恃为引导者而忽视用户的基本需求，要通过融入用户、联系用户来实现主流价值的引领。媒体融合提出的背景主要就是传统媒体的用户逐渐流失，媒体融合的基本目标就是重新找回失落的用户群体。

---

① 张小强、郭然浩：《媒介传播从受众到用户模式的转变与媒体融合》，《科技与出版》2015 年第 7 期。

随着新媒体的发展，用户选择媒体内容的基本逻辑已经发生了深刻的变化，题材和形式的新颖度、情感激发的强度和内容与日常生活的关联度成为用户最关心的几个方面。随着智媒时代的到来，用户对内容的偏好仍然会被重塑，媒体首先应当发掘主流用户的偏好、对用户偏好的变动保持敏感、对用户的需求保持开放性的理解和尊重。

传统媒体在内容生产能力上始终具有优势，之所以在新媒体时代的用户争夺之中逐渐处于劣势，很大程度上在于对用户群体和用户偏好的变化不够敏感、对用户的重视和联系不够充分。随着智媒时代的到来，首都地区媒体应当重新认识用户、重新定位自身与用户的关系、重新调整联系和拓展用户的基本策略，进而引领用户偏好和媒体消费口味的变化，为媒体深度融合下一篇章的书写提出北京方案。

2. 深入理解用户，满足用户需求

更好地响应用户需求是媒体深度融合的指向，近年来，各媒体越来越重视用户需求，利用数字技术深入分析、洞察用户，根据用户特点实现精准化传播，从而提高内容、服务与用户需求之间的匹配度。

在媒体提供内容和服务的各个环节，用户洞察都可以发挥强大的作用。在前期，可以通过分析用户的使用习惯和品位偏好，建立用户兴趣图谱，从而有针对性地提供用户可能感兴趣的内容和服务；在中期，可以收集、分析用户反馈数据，实时内容服务优化升级；在后期，可以根据用户行为数据和传播效果分析进行产品迭代，回应用户新的诉求。

用户洞察离不开对各种用户数据的分析挖掘。对于媒体机构自建客户端而言，可供分析利用的数据资源较为丰富，可以分为表层数据和深层数据。具体而言，表层数据包括发稿量、阅读量和活跃用户数据等，深层数据包括用户行为数据、用户画像、社交关系和内容数据标签等。在钱江晚报·小时新闻客户端利用数据了解用户需求、优化内容供给、助力产品迭代的进程中，表层数据和深层数据发挥着不同层次的作用。其中，表层数据用于分析内容生产的基本情况和用户活跃度，深层数据可以为客户端产品优化、用户运营和内容分发提供强大的数据支撑。[1]对于媒体机构在第三方商业平台开设的账号而言，可供分析的数据资源较为有限，包括用户增长情况、阅读量、转发量、点赞量等。

传统媒体时代，媒体机构了解受众的方式包括问卷调查、收视率调查、读者来信等，而数字时代，大数据技术将媒体对用户的了解向深层推进。各媒体在应用和探索大数据技术上持续发力，依据数据让内容和服务更有针对性。例如江苏广电总台通过建立和运用用户智能分析平台，实现精准传播与精准营销。该平台包括运营服务模块与电商服务模块、数据处理模块，其中，运营服务模块负责内容生产、审核与发布，与用户内容行为数据有关；电商服务模块构建"荔枝商城"，与用户电商行为数据有关；数据处理模块则负责用户信息获取与综合分析，含有数据采集、清洗、对比、分析，用户画像，部门数据共享，可视化分析等功能，助力内容生产和电商服务的精准化。[2]中信出版集团的中信书院使用内容标签和用户标签两个系统深度开发自适应策略，向用户提供感兴趣的内容。[3]

3. 深化用户参与，构建协作关系

智媒时代，传播主体呈现多元化发展趋势，传播者与收受者之间的界限日益模糊，由原本的主客体关系转向主体间关系。[4]传统媒体时代，媒体机构及其从业者处于内容生产的中心，掌握着核心资源，而数字技术的发展使得用户日益成为传播中的重要力量和组成部分。深化用户参与，建立媒体与用户之间良性的协作关系逐渐成为媒体深度融合进程中的一个重要课题。

---

① 黄格非、俄小天：《以客户端为驱动引领变革——钱江晚报·小时新闻客户端在推进媒体融合中的探索与思考》，《中国传媒科技》2021年第3期。
② 卜宇：《精准传播的技术路径——以江苏省广播电视总台为例》，《传媒》2020年第20期。
③ 周蔚华、彭莹：《2018年北京出版媒体融合发展报告》，《中国出版》2019年第18期。
④ 杨保军、涂凌波：《新时期中国新闻系统的结构变迁解析》，《兰州大学学报（社会科学版）》2014年第1期。

开发UGC资源，调动用户的力量，对于丰富媒体平台内容生态、强化媒体与用户之间的连接都具有重要意义。

一方面，对于媒体平台内容生态而言，用户参与可以丰富内容、改进内容生产。一是在内容生产的速度和范围上，UGC能够发挥明显优势。就速度而言，在突发事件中一些木地用户可能是亲历者、目击者，也可能因地理位置临近能够快速到达现场，提供非常有价值的第一手信息，并能助力媒体的后续报道。就范围而言，用户分布各地，强化媒体与用户之间的内容生产协作可以让媒体的触角延伸到各地，覆盖专业记者可能没有覆盖的范围。二是在内容生产视角上，UGC可以使得内容生产的视角更为多元、开放。例如在今日头条"河南遭遇特大暴雨"专题中，集纳了亲历者、协助救援者、祈福者等用户生产的内容，包括亲历暴雨的感受、待救援人员信息和情况、为受灾害影响的人祈福等，用更为多样的个体视角呈现更为立体的事件，扩展、延伸了媒体报道的视角和维度。

另一方面，对于媒体和用户的关系而言，用户参与内容生产可以提高用户的积极性、增加用户的成就感、增强用户对媒体平台的认同度，强化用户与媒体平台之间的连接。

开发UGC资源，鼓励、动员、组织用户参与内容生产的具体方式，根据用户参与度的高低和协作方式的不同，可以分为以下几种：

一是鼓励用户参与内容生产，媒体在此基础上进行整合包装。扬子晚报的紫牛新闻App在组织用户参与内容生产方面取得了较为显著的成效。2020年上线的紫牛新闻3.0版本突出"新闻社交"特色，让受众与生产者之间的弱联系变成强联系，发挥报纸重视读者互动的传统优势，吸引用户生产内容以实现成功社交。而"紫牛拍咖"是为用户UGC内容提供的共享平台，2022年时，已有两千多名摄影摄像爱好者入驻，为紫牛新闻源源不断提供高质量的随手拍视频和图片。登陆"紫牛拍咖"平台，用户不仅可以自己上传作品，还可以参与新闻过程，与记者共同记录事实。

二是构建专门的UGC社区，为用户提供交流、互动、分享的空间。例如钱江晚报·小时新闻客户端设立"帮帮团"报料互动平台，鼓励用户参与内容生产。①在以求助报料为主的小群组基础上，小时新闻将"帮帮团"扩展为开放的用户互动社区，增加了垂直社群功能，针对各社群不同的偏好开发群组定制化功能。②

三是由用户提供素材，媒体进行制作包装，共同合作进行内容生产。例如新冠疫情期间人民日报与Vlog博主合作推出"Vlog+新闻"，在官方微博发布《一个武汉伢的武汉日记》Vlog，其中武汉Vlog博主"蜘蛛猴面包"提供素材，人民日报进行再剪辑和加工包装，在协作中发挥了Vlog博主在时效性、亲历感上的优势和主流媒体在专业性和传播渠道上的长处。

4.挖掘优势资源，构建深度连接

北京地区媒体的用户开发和拓展，应充分挖掘首都地区的内容资源、技术资源和情感资源。首先，作为全国的"四大中心"，北京具有其他省区市难以匹敌的内容优势。北京市各级媒体应该着重考虑的是如何将内容的优势充分转化为用户的注意力，进而实现自身用户群的扩展和维系。为了实现内容优势向用户拓展的转化，北京地区媒体需要更多地倾听用户的声音，要对内容的呈现形式进行大胆创新，激发用户的参与和讨论，了解用户的基本关切和诉求。其次，北京地区具有技术发展上的独特优势，北京地区媒体在接触新技术、应用新技术、寻求与新技术公司的合作等方面具有独特的优势。在新技术的使用上，媒体应当保持积极开放、用于创新的心态，但同时更需要注意倾听用户的声音，要注意辨识新技术的热潮是被一部分技术拥有者"炒"起来的，还是被用户选出来的，只有把握住用户的主流需求，才能把握住技术的未来发展方向。最后，北京作为中国的首都和历史文化名城，还具有特殊的情感资源，北京市民乃至全国人民都对北京有一种特殊的情愫。北京市

---

① 黄格非、俄小天：《以客户端为驱动引领变革——钱江晚报·小时新闻客户端在推进媒体融合中的探索与思考》，《中国传媒科技》2021年第3期。
② 黄格非、俄小天：《以客户端为驱动引领变革——钱江晚报·小时新闻客户端在推进媒体融合中的探索与思考》，《中国传媒科技》2021年第3期。

相关媒体要善于挖掘和维系这种情感资源，注重与用户之间的情感连接，致力于塑造温情的、厚重的、主流的北京形象，致力于讲述生动的、丰富的、具有人文关怀的北京故事。

三、首都地区媒体用户开发拓展的战略措施

1. 建立用户数据中心，提供数据支撑

首都地区媒体用户规模大、用户类型丰富，因此深度开发用户数据应成为首都地区媒体深度融合进程中的核心举措之一。

首都地区媒体可以联合科技企业与高校共同构建首都媒体联动式用户数据中心，合作对用户数据进行采集和挖掘，打通用户池，重新定义用户、细分用户，把握用户兴趣，从而为更有针对性地满足用户需求提供数据支撑。

具体而言，可以由新京报和北京新媒体集团牵头，联合各北京市属媒体、科技企业与高校分析用户数据，并每年推出北京地区媒体用户的分析报告。在用户数据资源和分析技术上依托字节跳动、腾讯、百度、快手、网易、搜狐等互联网商业平台，在数据建模技术和理论方面依托各北京高校。

2. 开发UGC资源，调动用户力量

深化用户参与，调动用户力量是强化媒体与用户之间连接的重要路径。首都地区媒体可以着眼于畅通用户参与内容生产的渠道与路径，充分开发UGC资源，建立用户与媒体之间的高效协作内容生产体系，提高内容生产的质量和效率。

由于新京报"我们视频"在用户参与内容生产的模式与平台构建上已经取得了一定的成效，首都地区媒体可以由"我们视频"牵头，联合开发用户参与视频内容生产的集纳系统和协作体系。

其中，在协作内容生产机制方面，用户提供素材，发挥及时提供第一手信息、覆盖范围广、视角多元的作用，在第一时间拍摄现场的情况；专业记者进行核实与后续报道；编辑和运营人员对内容进行包装和精准运营。

在内容核查方面，加强内容审核、流程把控。内容核查是UGC资源集纳和开发过程中的一个重要环节，由于用户生产内容数量庞大、来源多样、良莠不齐，媒体机构及其从业者需要加强审核，确保内容的真实性。例如新京报"我们视频"在2019年"利奇马"台风期间收到的报料中，有很多所谓的"现场视频"实际上是多年前其他台风来袭的画面，这就需要专业的媒体从业者进行审核辨识。①

在提高用户积极性方面，可以通过有奖征集、设置固定任务、设计合理的报酬体系、举办活动比赛等激发用户参与的积极性。例如在钱江晚报·小时新闻推出的"此刻，我想对你说！"抗疫心里话征集活动中，参与者填写姓名、联系方式和留言后，可以领取一个暖心红包，用一定的激励增强用户参与的热情。

3.加强用户运营，提高用户黏性

用户是媒介产品的根本，媒体的所有业务部门都在围绕用户做文章。细分用户，构建社区，进行深度用户运营，是首都地区媒体促进用户增长、提高用户黏性，发挥党和政府与人民群众之间桥梁作用的重要举措。

细分用户群体，深化用户运营。智媒时代，用户呈现越来越明显的分众化、垂直化特点，细分用户，开展精细化运营能够盘活用户资源、激发用户活力。例如江苏城市频道构建了超过千万名粉丝的全媒体矩阵，根据不同兴趣将粉丝分为不同垂直社群，由工作人员担任群主，并进行深度运营，通过民生、美食、医养等节目相关话题引导、行为规范、互动参与、精准推送内容与商品等方式，提高用户黏性，实现精准营销。②首都地区媒体用户类型丰富多元，可以针对本地用户、其他地区用户，高频率使用人群、低频率使用人群，数字边缘化人群、意见领袖型人群，老北京人、新北京人等不同用户

---

① 李卿：《用UGC助力内容生产打造爆款新闻视频》，《传媒评论》2019年第11期。
② 卜宇：《精准传播的技术路径——以江苏省广播电视总台为例》，《传媒》2020年第20期。

类型进行定制化传播与运营。例如就本地用户而言，首都地区媒体作为区域性的媒体，应重点关注本地用户需求，在本地生活实际的基础上结合本地用户使用场景进行深度内容定制，打造核心竞争力。针对意见领袖型人群，可以通过媒体主动邀请、适当激励的方式鼓励其参与内容生产，带来对用户有价值的观点。

构建垂直社区，强化双向沟通。有研究发现，北京新媒体用户在舆情事件上话题参与度高、事件关注度高且热度持续性长，对于北京和全国各地舆情事件的关注度均较高，参与讨论的能力和意愿较强。[①]北京市属媒体可以细分不同用户和话题类型，进行社区营造和管理。具体而言，可以根据时政话题、商业话题、民生话题等不同话题类型，构建用户社区，由工作人员进行管理，实时互动，一方面为用户提供交流的平台，另一方面在突发事件等情况下能够及时获知用户的想法，为公共决策提供参照，有利于更好地发挥媒体作为党和政府与人民群众之间纽带的作用。

4. 回应用户关切，提升传播效果

随着智媒时代的到来，媒体内容的呈现形式势必将发生新一轮变革，但这种变化的方向始终将面向用户的核心关切。北京地区媒体应在内容的构成要素和呈现形式上进行改革，从而与用户关切深度结合。

目前，大多媒体在自建平台中加入了用户互动的接口，但大多数情况下用户互动量极低。在新浪微博、微信公众号等新媒体平台上，热门内容通常可以吸引到一部分用户的留言、回复，但媒体通常会对这些内容进行选择性忽视，或是将用户留言作为一种新闻素材进行二次呈现。真正意义上的回应用户关切，应当是根据用户需求调整内容生产方案，对用户关心的问题进行及时、正面、客观的回答，对用户评论的忽视或展演往往会放大用户之间的分歧，不利于媒体引导力的发挥和公信力的实现。媒体的内容生产者应当重视对用户看法的吸纳和理解，而且对用户的了解不应该是外在于内容生产者

---

① 匡文波：《北京市新媒体用户特征的调查报告》，《新闻与写作》2019 年第 6 期。

的另一项任务，应该将用户的意见与生产者的看法结合起来，从而实现传播效果的最大化。

在媒体自建平台中，北京市各级媒体除了要积极调动用户参与外，还要锐意创新内容的呈现形式。目前，社会新闻的报道经常会经历多次反转，用户在新闻接触的过程中往往会迷失在不断变化的新闻报道中，而新媒体技术可以为解决这一问题作出积极贡献，例如，可以将同一事件的报道组合嵌入一个内容包之中，在内容的呈现形式上让用户看见的都是事件的最新进展以及关于这一事件的全貌，而不是随机出现的、时间标示不明显的新闻片段。新技术应当服务于传播效率的提升，重点在于如何挖掘技术带来的创新动能。技术公司、互联网平台的目标通常是实现利润最大化，媒体在自建平台的过程中应该努力避免直接采用互联网平台的成熟模式，媒体自建平台应该立足于用户需求和体验的最大化，从而让技术的变革真正服务于传播效果的提升。

5.组建媒体实验室，开展产品孵化

技术是媒体融合发展的一大核心要素，由于技术发展日新月异、技术研发需要很大投入，一些媒体由于自身在技术储备、资金、研发能力等方面的限制，依靠自身的力量可能较难进行新兴技术的研发及应用，因此尝试联合媒体以外的力量，通过实验室的形式进行尝试与探索。例如南方都市报、凯迪网络和北京大学计算机科学技术研究所联合成立了"智媒体实验室"，智能机器人"小南"是其首个研究应用成果[1]，主要工作是机器写作，可以快速抓取数据并生成报道，涉及财经、体育、民生等多领域，大大提升了南方都市报的内容生产效率。[2]

对于北京市属媒体而言，可以利用北京科技企业、高校与研究所云集的优势，组建实验性机构，联合设立首都地区媒体实验室，面向用户需求进行产品试研发与孵化，开展用户测试。

①　王立纲：《媒体实验室为融合发展探路》，《青年记者》2017 年第 18 期。
②　吕旺英：《我的"徒弟""小南"》，《青年记者》2018 年第 28 期。

具体而言，首都地区媒体实验室作为创新研发的孵化平台，致力于研发大数据、人工智能、虚拟现实、增强现实等新兴技术及其在新媒体领域的应用，开发互动新闻、体验式新闻等新兴传播形态，进行融媒体产品孵化，集产品研发、测试与体验于一体。

第四节　展现首都担当，做大做强智媒时代主流舆论

新闻舆论工作向来担负着"高举旗帜、引领导向"的重任。在"2·19讲话"中，习近平总书记针对新时期党的新闻舆论工作指出，要切实提示新闻舆论传播力、引导力、影响力、公信力。"引导力"的重要地位所反映的正是在新媒体环境多元化、实时性、海量化的趋势下，舆论呈现出的突发性、自发性、指向明确、互动频率高等新特征。主流媒体的舆论引导面临着诸多挑战，如何提高舆论引导艺术成为主流媒体亟待解决的问题。

一、媒体深度融合下的舆论引导新格局

地方主流媒体必须厘清媒体深度融合与舆论引导的关联，通过做好媒体融合工作，为舆论引导打下坚实的基础。

1.舆论引导的困境与思考

在媒体深度融合时代，舆论引导主要面临以下三个方面的困境：

其一，当下的舆论引导格局，已经客观形成了多元主体参与、多种利益诉求并存的局面。[1]专业媒体在舆论引导方面拥有的垄断性地位已经大大弱化，其在社交媒体平台上设立的账号只是无数个账号中的一个，并不拥有绝对的话语优势。传统媒体在舆论场域中设置议题的能力大大减弱，专业媒体的公

---

[1]　雷跃捷、李汇群：《媒体融合时代舆论引导方式变革的新动向——基于微信朋友圈转发"人贩子一律死刑"言论引发的舆情分析》，《新闻记者》2015年第8期。

信力和专业性也有一定程度的衰减。[①]媒体既要满足引导舆论、追求商业利益等多种要求，又要保持自身的客观性、专业性，面临如何在自媒体涌入新闻制作、互联网平台支配分发渠道的变局中寻找突围之道的严峻挑战。

其二，在现实新闻实践中，媒体跟进效益有限，主体作用模糊。主流媒体是党和政府主导下的媒体，党性原则是党的新闻舆论工作的根本原则，媒体是政府之外最重要的网络舆论引导主体，必须坚持正确的舆论导向，有义务全力参与舆论引导。但在实际舆论引导过程中，有些媒体常常没有及时为政府缺场补台，带来结构性的缺场。[②]如果媒体不能代表政府在第一时间发出主流声音，无法满足急需舆论引导的网民需求，同时在与异质声音的周旋中处于下风，就会使网络舆论场成为网民肆意发泄的狂欢场，给后续的政府舆论引导带来巨大的困难。

其三，在整体舆论生态上，舆论场的混乱与撕裂共存。在网络媒体的发展现状下，用户社交化、隐匿化、情绪化的特征凸显，在技术层面很难识别研判。从舆论扩散的角度看，舆论失焦与谣言滋生的环境下复杂势力渗透舆论场域，治理层面难以分辨掌控。从舆论整合的角度看，用户部落化和圈层化的特征则导致了舆论场的撕裂，面对社会热点新闻自说自话、互不理解的现象广泛存在，增加了主流媒体开展舆论引导的难度。特别是分发平台泛娱乐化引发的"瓦釜效应"，更对舆论引导产生了相当复杂的干扰。

2. 智媒环境下舆论引导的新格局

在智媒环境下，舆论引导呈现出以下三个方面的新格局，舆论引导的空间和潜力进一步延展。

其一，依托技术革新，舆论引导趋向智能化。随着图像、语音、视频识别等人工智能技术的进步，当下相关机构网络舆情监测的水平大幅提升，技

---

① 陈海峰：《变革与坚守：社交媒体时代的舆论引导工作》，《中州学刊》2021 年第 5 期。
② 徐世甫：《新时代网络舆论引导缺场生成的意识形态安全问题》，《毛泽东邓小平理论研究》2018 年第 11 期。

术加持使得纠偏舆论失焦的可操作性不断提高。同时，移动终端融入用户的日常生活、社交等场景，特别是用户实时定位等信息权限的开放，为主流媒体的精准推送提供支持。此外，智媒体催生采写编播发等过程的变革，信息生产和分发的流程压缩、速度加快，使得越来越多的自动技术涌入舆论引导的范畴。

其二，用户圈层消解，舆论引导趋向平台化。在舆论引导的过程中，主流媒体既通过新旧媒体的联动所展现的辐射效应放大传播音量，又根据不同互联网平台的特质调整运维思路，并将自建平台的努力贯穿始终。主流媒体在内容生产的过程中创新理念，塑造了一系列个性化表达，特别是通过变革语态等身份"软"化的手段助力受众主动融合，其目的是尽可能破除用户群体间壁垒，在服务公众中彰显专业规范，在平台视域中联结更广泛的群体，做到事半功倍。

其三，完备舆情体系，舆论引导趋向智库化。作为舆论场中多元音量的重要一极，主流媒体一方面要强化自身舆论意识，深耕内容，通过深入调查打造专业权威形象，并及时发声以抢占舆论制高点；另一方面要充分理解多元主体特别是有影响力的自媒体、意见领袖所能发挥的作用，开展全方位的合作，促使多元声音交织成和谐的交响乐，助力舆论场的清朗和谐。

3. 重大突发事件的舆论引导

在重大突发事件中，媒体主体主导的应急传播机制已经成为政府信息发布机制中的重要补充。[①]人类社会需要形成更加成熟的机制以应对复杂的突发事件。其中，媒体开展舆论引导的功能突出体现在以下三个方面。

其一，反映事件真相，及时遏制谣言。主流媒体要充分发挥媒体的专业优势和属地媒体的主场优势，深入调查采访，获取并发布原创的独家消息，在第一时间对事件开展客观、真实的报道。同时，媒体也要善用政府发布的

---

① 刘彦君、吴玉辉、赵芳、刘如、李荣：《面向突发公共事件舆论引导的应急科普机制构建的路径选择——基于多元主体共同参与视角的分析》，《情报杂志》2017年第3期。

新闻，将其作为信源开展报道，扮演好"中间人"的角色。[1]这一举措的作用是使媒体在所管理的每一条传播渠道中都能够抢占舆论先机，通过权威发布帮助受众了解事情的真相，遏制虚假信息的传播。

其二，稳定公众情绪，维持社会秩序。主流媒体要在报道的过程当中进行正确的舆论引导，增加正面内容的报道和正能量的宣传，通过有效的舆论引导，使公众随时了解事件发展状况，降低民众恐慌心理，维持社会秩序安定。特别是在突发事件由爆发期步入稳定期的过程中，要注重观测舆论场上余留负面情绪的症结所在，并进行有针对性的内容调适。

其三，动员群众参与，凝聚群众力量。面对重大突发事件，无论是事件的预防还是控制，都离不开公众的支持。主流媒体作为党和政府与人民群众沟通联系的桥梁，可以通过对舆论导向的控制来实现对公众的引导。例如，媒体可以充分发挥自身的平台流量优势，为专业医疗机构和民间救助团体提供信息传播平台，为普通民众提供寻求助益的发声渠道。

二、媒体深度融合中的舆论引导经验借鉴

近年来，国内各级主流媒体为提升舆论引导的水平，因地制宜、积极施策，取得了一定的进展，涌现出一批典型的媒体产品。从整体来看，坚持正确导向是开展舆论引导的第一要务，良好的选题与层次立体的内容框架是舆论引导的重要举措，立足地方的本土意识是舆论引导的根基所在，开发情感资源的能力则显著延展了舆论引导的可能性。

1. 坚持正确导向，引领舆论内容

"新闻媒体报什么、不报什么、怎么报，都体现着鲜明的舆论导向。"[2]坚持正确舆论导向体现在思想力量、内容生产、信息流量等新闻传播的方方面面，这对媒体的社会责任、平台品质与专业水准都提出了更高的要求。未来

---

① 朱涛：《重大突发事件与媒体正确舆论导向——以新冠肺炎公共卫生事件为例》，《中国报业》2021 年第 9 期。

② 双传学：《坚定不移推动媒体融合向纵深发展》，《中国报业》2020 年第 9 期。

融媒体产品的创作要围绕中心、服务大局，弘扬真善美、鞭挞假恶丑，不断凝聚社会共识，推动形成奋发向上的强大精神力量。在实施手段上，要注重正面宣传与反面监督相结合，既发挥正面宣传的感召力，也能够通过批评与审视负面舆论典型，引导人们转变错误观念。

媒体在坚持以正面宣传为主的同时，要严禁舆论引导工作陷入"报喜不报忧"的窘境，敢于直面本地区的现实问题，帮助受众划清是非界限、澄清模糊认识，不做亦步亦趋的"传声筒"。2020年末，"太极大师"马保国诙谐滑稽的形象走红全网，也造成了巨大的负面影响。人民日报等主流媒体发文批评，揭下了马保国及其背后势力的虚伪面具，制止了不良风气，扭转了歪曲的价值观，也打破了其背后势力资本变现的美梦。

正确导向有时意味着观点的交锋与碰撞、利益的冲突与纠葛，这更要求主流媒体引领舆论内容要有"咬定青山不放松"的自信与定力。2021年7月河南洪灾期间，中国青年报微博发布视频新闻，报道救援队呼吁网红和明星给救援让路的诉求，引发了部分粉丝群体的不满。中国青年报被一些粉丝指责带偏舆论、曲解和抹黑了明星对救灾的真心帮助，是否给"热心肠"泼冷水引发热议。在灾区救援通道紧张的条件下，中国青年报的勇于发声起到了广泛的引导作用。

2.策划新闻选题，设定舆论框架

在公共事务领域，个人的信息需求意向越明确，就越会关注携带相关政务信息的大众媒介议程。[①]主流媒体策划报道关系国计民生的重大议题时，议题与受众信息需求的关联强度越大，就越能够引起受众的关注和讨论，舆论引导的内容也越容易被受众接受。公众议程、媒介议程和政府议程的重合统一程度越高，舆论引导的效果就越好，这是媒体从业者充分调动想象力与创造力的客观背景。同时，媒体要将优势资源首先投入重要的媒介议程，以层

---

① 冯莉、丁柏铨：《以媒体融合之力，提升主流媒体舆论引导水平——以人民日报、新华报业、上海报业2019年全国两会报道为例》，《传媒观察》2019年第4期。

次立体的内容框架全方位展示大事、要事。

可以预测时间节点的重要会议、纪念活动等是媒体尝试设定舆论框架的契机。2021年两会期间，东方卫视就以《看东方》《午间30分》《东方新闻》《今晚》4个栏目为抓手，打造了"两会早知道""两会议政录""两会观察""问政中国""世界看两会""两会朋友圈"6个专栏和14期特别报道。多样的栏目设计和丰富的内容模块提供了切入会议事实的多重角度，并将更多的第三方主体纳入了报道的过程中。

3. 立足地方发展，听取本地民意

地方主流媒体往往是听取本地民意的最短路径，要善于捕捉社情民意，传达好党的声音，力求理性权威与情感相贴合。地方主流媒体必须承担坚守社会责任和发挥舆论监督与引导职能，坚持正确导向。一方面要体现主流价值观，以彰显公正公平正义的核心价值为己任，力求在人们心中树立好政府理性、权威、可信赖的良好形象；另一方面要做好基层文化信息传播的平台和惠民的服务主体，凸显弘扬地方优秀文化、服务地方百姓的独特作用。

近几年，问政类电视节目已经成为全国范围内沟通地方政府与公众的新型舆论监督样态。西安广播电视台的《问政时刻》立足地方发展察民情、解民忧，深受当地百姓欢迎。该栏目通过曝光短片引入多方对话，涵盖负责人现场答疑、专家建议和市民评议，直面症结，查找原因，探寻建立长效机制的路径。山东广播电视台的《问政山东》，每周邀请一个省直部门主要负责人参与电视问政，公开向社会和群众解答疑惑、作出答复，形成"全媒体联动问政+政府机关反馈答疑全媒体发布+省直部门工作社会公开打分评价"的监督机制。

地方主流媒体作为整合城市的工具，在地方文化的传播过程中承起到重要作用，也是构建现代公共文化服务体系的重要抓手。在推进地方文明建设的过程中，媒体可以充分利用重大活动、重要节庆日，积极参与和报道有教育意义的典礼仪式，参与到体现地方文化特色、符合时代要求的城市精神弘

扬过程中，凝聚本地人民的精神力量。由佛山传媒集团打造的城市服务客户端佛山+App就探索了新时代讲好佛山百姓故事的方式方法，强调镇街身边事、街坊贴心事，在不到一年的时间里下载量超过百万人次。

4.开发情感资源，吸引用户参与

公共舆论中的情感表达既可能带来众声喧哗的后果，也可能成为舆论引导的宝贵资源，这需要舆论引导的主体转变观念，顺应民情，因势利导。新时代的舆论工作要以群众为中心，尊重群众的参与权、知情权，回应群众的期待关切，转变文风，使报道言之有物、言之有理、言之有情，使群众爱听、爱看、爱传。

其一，官方话语的拟人化与情感体制的建立。智媒时代，为了提升舆论引导力与影响力，主流媒体的网络渠道需要通过各种方式，尽最大可能使得自己所发之声能够被最多的民众分享、传播，形成微博、朋友圈、微信群等的"刷屏"之势，以实现网络舆论引导。官方话语的拟人化和情感融入是最为常见的手段，指赋予新媒体账号虚拟人格并以"虚拟自然人"的身份与网民进行互动的一种传播策略。[①]在实践中，许多政务微博的虚拟人格都倾向于"扮可爱""卖萌"，但也存在"调侃式互动""过度拟人化"问题。

其二，特定时间节点的参与式互动与沉浸式体验。利用融媒体报道技术来实现用户的参与式互动与游戏式情感体验，可以取得意想不到的效果。2017年，为纪念中国人民解放军建军90周年，人民日报借助人脸识别、融合成像等技术，制作互动H5"快看呐！这是我的军装照"，帮助网友生成自己的虚拟"军装照"，表达对人民子弟兵的喜爱之情。东京奥运会期间，新华社借助CAVE沉浸式技术，将首金获得者杨倩本人及射击馆、新闻发布厅等场景等比例"搬"到北京演播室里，与杨倩及新华社前方记者上演了一场别开生面的跨国同屏访谈。

其三，根据不同的媒介属性调整表述方式，在传统渠道表述正式、措辞

---

① 郭小安：《舆论引导中情感资源的利用及反思》，《新闻界》2019年第12期。

严谨、立场明确，在互联网平台账号上则采用图文结合的方式刻画故事，用年轻化的语言达到晓之以理、动之以情的效果。中央广播电视总台推出的短视频栏目"主播说联播"是短视频新闻评论的代表性作品，通过主播形象的人格化回归和叙事话语的流行化表达，为新闻事件赋予了独特的意义性解读，在话语风格上为同类作品的移动传播提供样板。

三、北京媒体增强舆论引导力的战略措施

在智媒时代，北京市属媒体舆论引导的战略是"和声共振，传播首善京事"。以加强主流媒体的网络传播能力建设为抓手，培养具有鲜明政治属性的新媒体矩阵；重点强化市属媒体账号同政务新媒体的内容合作，深化首都相关重要信息的事实核查工作，特别是更加积极主动地进行舆情应对和矫正；提升主流媒体的传播艺术，发掘和拓展城市深层文化的历史性、包容性。

1. 关注突发事件，及时引导舆论

北京市作为全国政治中心，要全力维护首都政治安全，保障国家政务活动安全、高效、有序运行，以大范围的空间布局支撑国家政务活动。因而，突发事件网络舆情的治理与引导对北京市属媒体而言可谓责无旁贷。无论舆情的事实焦点是否在北京市的辖区范围内，面对新闻事件全网流传的可能性，北京市属媒体要积极拓展报道边界，努力营造自身在全国受众心目中的"主心骨"形象，使自己的产品成为国内突发事件舆论中的"定心剂"。

首先，面对突发公共事件，北京市属媒体要坚持正确舆论导向，兼顾新闻报道价值。媒体工作者要站在公众的角度，坚持国家利益至上的原则，对内容严格把控，突出正面信息，保持舆论导向的正确性。配合党政机关做好此项工作，主动与政务媒体联合形成传播矩阵，发挥新型主流媒体的公信力，及时有效地回应社会上大众关切的问题。

其次，做好正面舆论引导，特别是先进事迹的宣传工作，尽量避免"丧事喜办"的文风及其负面效果。在这个过程中，北京市属媒体要着力提高舆论引导艺术，实现报道宣传创新。如结合自身优势的文艺宣传，传统纸媒可

以发挥自身优势，出品特刊、传单、手册等形式的出版物；视频化转型的媒体可以通过策划拍摄音乐MV、策划公益歌曲，实现对公众力量的凝聚和公众精神的提振。

最后，转变思维方式，舆论引导的侧重方向从对重点人群的识别和监控，转移到用户社区的营建。在时政新闻内容上做到权威发布，深度发掘，精准解读；在社会热点的回应上，及时跟进，快速掌握话语权。尤其涉及时政、民生的内容，要以公众喜闻乐见的形式多样化呈现。同时，相关媒体运营北京市内的用户社区时，要充分发挥区域联动的效益，打造具有区域影响力的全媒体信息服务平台。可以由发展较为成熟的新京报新闻客户端App牵头，联动北京日报、北京电视台微博、微信渠道的宣传，开辟区级、街道级论坛与信息传导窗口，吸引用户注册。

2.重视事实核查，善于正面宣传

媒体融合极大地加快了舆论传播进程，使得事实核查成为一般媒体舆论引导的客观要求。而北京市人口的流动性带来的不确定性，为各种不当言论的滋生提供了土壤，对正面宣传产生极大的冲击。

一方面，北京市属媒体应建立面向社会的预警机制，对于负面影响明显的舆情，监控传播节点，避免舆情引爆。把关人的缺位容易导致虚假舆论泛滥，需建立相应的纠错、辟谣机制，确保新闻的真实性。同时，更应当建立面向组织自身的自净机制，从内部把控不良舆情信息的传播，从外部引入专家评价、公众反馈等多方意见，建构完善的监督机制。

另一方面，将事实核查溶解于报道的全过程，与正面报道联动。北京市属媒体要把握视频化转型的契机，灵活运用长短视频及长短直播等不同形式的视觉载体，力推紧跟时事的视频爆款。如在关键节点，都可以通过设置相关热门话题的方式，制作发布主题短视频，主动纠正网络中的虚假信息。同时，媒体监管部门需为北京市属媒体提供舆情引导空间，监管部门要以更宽松的姿态、更开放的政策、更包容的规则，监管并服务市属主流媒体。

3. 协调内外联动，培养舆论领袖

面对舆论平台化、智库化的契机，北京市属媒体要做好主流价值下沉传播，以创作体量助力正能量宣传，撬动市、区两级主流媒体的创作能力，聚集全市主持人、专业领域达人等优质内容创作者。

在内部，北京市属主流媒体的从业者要将自身打造成舆论领袖，构建由媒体内部人士组成的智库。此外，打造一批媒体名人，尤其是注重对知名记者、专栏作家及播音员、主持人等的培养，比如央视和新华社近年来打造的"网红记者"就是适应媒体融合变革而打造的融媒体新闻报道团队。从激励机制看，为适应培养舆论领袖的要求，鼓励北京市属媒体建立复合型可持续、具有高成长性的"人才库"，施行市场化考核机制以及具有特色的工作室制度，不断释放团队活力与创新源泉。

在外部，北京市属主流媒体还需争取一部分网络大V、专家学者"为我所用"，使其在新闻发布会、新闻节目中为广大人民群众答疑解惑；争取社会知名人士，使其在主流媒体举办的活动中传播"正能量"，配合新型主流媒体做好舆论引导工作。特别是要支持一批广电主持人转型，借助正能量直播释放强大社会价值。在多账号联动发布的基础上，与短视频平台广泛合作，在内容方面向平台批量引入北京电视台的精品栏目、主持人账号等，而平台方则提供一定流量进而共同扶持打造出有影响力的IP。在此过程中，推进北京市属媒体与个性化推荐平台的资源整合，推进内容产出价值的多维度开发。

4. 注重内容需求，强化态度认同

在舆论引导智能化的背景下，北京市属主流媒体要善于利用大数据、精准推荐等新技术手段，及时发现挖掘百姓关心的民生热点和重点议题，提升新闻策划的能力，合理设置议程。从需求侧入手，鼓励PGC模式与UGC模式双重内容输出，吸引受众参与互动，激发对城市和美好生活的热爱。

其一，转变报道方式，创新叙事模式。重点强化移动端新闻精品的打造，积极应用短视频新闻、全景新闻、数据新闻等新的新闻叙事样态，讲好北京

故事。媒体要加紧探索新的新闻叙事模式，适应变革轨迹，面对同质化的内容形式竞争，打造品牌化的专属产品。从业者要结合当下"人人皆记者"的新闻叙事样态，转变报道思路，在新闻叙事模式上力求创新。可以采取"问政北京"等外地时兴电视节目形式，观照不同身份特质的市民需求，提升受众对政府的信任感和认同感。

其二，举办特色活动，呼应价值需求。在未来的周期内，可以打通市属媒体壁垒，举办"我与北京的追寻"和"天南海北北京人"系列媒体报道活动。这两个活动分别以"新北京人"与"老北京人"为题眼，"我与北京的追寻"寻访来到北京长期工作、生活的各行各业典型代表；"天南海北北京人"则连接在他乡逐梦的北京人，挖掘他们有深度、有温度的逐梦故事。

其三，扎根社区基层，动员百姓参与。北京市属媒体特别是区级融媒体中心在日常策划中要着力于新技术同城市居民日常生活的结合，采取短视频征集、社区微直播等可能的产品样态，通过开展主题多样的网络直播活动，鼓励社区人讲社区事，吸引各年龄段人群的广泛参与。既动员百姓参与到社区的宣传中，以发掘身边美好的个体引出鲜活的故事；也要将文体活动、区域经典、文化风俗等文化软实力融入百姓生活的节奏中，鼓励以"打卡"为核心的影像实践，通过精准传播助力基层文化建设。

第五节　完善首都功能，以媒体深度融合推进基层社会治理

媒体深度融合强化了媒体在推进基层社会治理中发挥的作用。北京市作为人口超过2000万人的特大型城市，推进基层社会治理是一项具有挑战性的工作，但与此同时，北京市作为我国政治文化中心，相关媒体资源与新闻信息丰富，这为媒体更好地发挥社会服务功能提供了前提保障，也为其参与基层社会治理提供了可能。因此，在媒体深度融合的背景下可以充分调动北京

市各级媒体的积极性，通过智媒技术实现民众需求和有限资源之间的精准匹配，将其作为推进基层治理的重要抓手。

一、媒体深度融合与基层社会治理的连接点

首先是理念与实践方面的深度融合。具体是指将实现基层社会治理的目标深深嵌入媒体深度融合的方案设计中，使这一理念成为媒体发展的基因。从顶层设计的角度看，将媒体发展与基层社会治理相融合已成为指导方针。习近平总书记强调："'十四五'时期，要在加强基层基础工作、提高基层治理能力上下更大功夫。"①同时，2020年9月，中共中央办公厅、国务院办公厅印发的《关于加快推进媒体深度融合发展的意见》指出，要增强主流媒体的市场竞争意识和能力，探索建立"新闻+政务+服务+商务"的运营模式。在实践落实层面，将媒体深度融合嵌入社会治理中对于双方的发展具有重要意义，这一思路获得了政府和媒体的积极响应。从政府的角度看，制定具体的媒体融合方案是推进这一工作的第一步。如2021年北京市委全面深化改革委员会审议通过《北京市关于加快推进媒体深度融合发展的实施方案》，其中明确提出要做大做强网络平台，向"新闻+N"全媒体扩容。同时，基层政府也开始利用新媒体开展政府服务工作，实现政府的职能。从媒体的角度看，我国各地的媒体根据自身特色以及发展阶段发布媒体深度融合规划，如北京市广播电视局印发《关于加快推进北京市广播电视媒体深度融合发展的三年行动计划（2021—2023）》，提出探索"媒体+政务服务商务"运营模式，推动建立若干广电"融媒+服务"示范基地。

其次是功能上的深度融合。"新闻+"的理念落实于实践后，最终需要达成媒体信息传播职能和政府社会服务职能的同时实现。从媒体的角度看，其职能一般在于传递信息、监测社会环境、协调社会关系、提供娱乐、教育市民大众、引导群众价值观等。在国家治理现代化背景下，媒体的功能不仅仅

---

① 习近平：《在基层代表座谈会上的讲话》，《人民日报》2020年9月20日，第2版。

局限于传统的上传下达、大众宣传等单一角色，更重要的是，媒体连接着民众，政府若能充分利用这一优势，在此基础上开展党务、政务、文化、教育服务，则有助于提升政府工作的民众认可度，优化政府的治理机制，提升为民众服务的效能。从基层社会的角度看，媒体深度融合与基层社会治理相结合，不仅为民众提供了切实可见的信息服务和行为服务，而且建立了基层社区的关系连接与情感纽带，这有助于基层社区达成共识并形成认同，进而实现基层治理创新发展。媒体深度融合是媒体与其他行业之间的"大融合"，媒体本身扮演着各种社会资源的激活者、整合者、设计者和推动者的角色。[①]

二、媒体深度融合背景下推进基层社会治理的基本思路

在媒体深度融合背景下，媒体与基层政府应形成合力。一是共同秉持为人民服务的核心理念并将其落实在行动层面。二是媒体与基层政府共同建设媒体内容，提高新闻品质。三是媒体与基层政府共同努力搭建与完善智能化的平台。以上三点在推进基层社会治理中扮演了不同角色。

第一，以树立服务理念为深融的出发点和落脚点。2018年4月，习近平总书记在全国网络安全和信息化工作会议上提出，要提高通过互联网组织群众、宣传群众、引导群众、服务群众的本领。[②]2019年1月，习近平总书记在中央政治局在人民日报社就全媒体时代和媒体融合发展举行第十二次集体学习时表示，要"让主流媒体借助移动传播，牢牢占据舆论引导、思想引领、文化传承、服务人民的传播制高点"。[③]在实践中，通过将媒体深度融合与推进基层社会治理相结合，服务人民的理念得到落实。服务理念不仅体现在基本的提供新闻信息的服务层面，还体现为考虑民众愿望、满足民众需求、解决民众矛盾等。如在宏观层面，媒体触达公众的范围和有效度提升，民众在政治表达

---

① 喻国明：《有的放矢：论未来媒体的核心价值逻辑——以内容服务为"本"，以关系构建为"矢"，以社会的媒介化为"的"》，《新闻界》2021年第4期。
② 《习近平：敏锐抓住信息化发展历史机遇　自主创新推进网络强国建设》，《人民日报》2018年4月22日，第11版。
③ 《加快推动媒体融合发展，构建全媒体传播格局》，《求是》2019年第6期。

与社会参与等方面的需求得以满足；在微观层面，媒体在深度融合过程中嵌入社区，而基层社会作为人们生产生活的基本空间，人们在衣食住行方面的需求更容易被洞察并相应得到满足。现实也证明，当媒体深入基层且具备更强的服务功能时，往往对于用户有更强的吸引力，媒体因此获得了更强的传播力和影响力，基层社会也因此实现更为有序的发展。

第二，以提供优质新闻内容为根本前提。媒体的服务属性建立在内容属性之上，在媒体深度融合中实现基层社会治理的目标离不开通过优质内容设置议题、吸引用户。然而当前部分媒体忽视了最为基本的内容质量要求。在内容主题方面，其发布的新闻仍然以工作宣传为主，并非报道与民众日常生活相关的事件。在新闻质量方面，当前部分媒体在不同平台上存在新闻内容同质化现象，原创内容较少且以转载内容为主。在更新频率方面，当前存在内容更新不及时和"僵尸号"的情况。具体的案例如北京青年报旗下的新媒体产品，其在微信公众号、今日头条、微博尚未实现差异化传播，一些基于社区建立的微信公众号内容更新较慢且内容质量较低，一些垂直领域的微信公众号也因运营不善而停止更新。新闻内容是媒体存在的根本，是吸引用户与否最为直接的因素，而各类服务功能是对媒体内容的增值，是吸引用户与否的第二因素。

第三，以搭建智慧化的媒体平台为载体。这里的"智慧化"指的是民众可以依托媒体平台花费更少的时间和精力完成其所需要的服务。智慧化平台的本质属性仍是新闻媒体，因此它参与社会治理的主要方式必然是传媒化的，即通过完成基于融合平台的信息传播与公共服务来实现治理的功能。例如，上海区级融媒体中心统一技术服务平台，主动对接上海"一网通办""一网统管"，接入政务、文化、体育、教育、养老、公共事业等广大市民关心的服务内容。扬州广电传媒集团搭建了"智慧广电+"生态服务体系，基于有线电视网络及4G/5G移动通信网络建设了一张覆盖全体市民的服务专网，媒体在智安社区、智慧教育、智慧家庭、智慧城管、智慧城市等业务场景应用中扮演了城市连接器的媒体角色。类似地，长兴县融媒体搭建的新闻客户端可以让用户一键完成居住证办理、身份证申领、机动车登记等综合服务。总的来说，智慧化的媒体平台是多种服务的聚合，它在打通媒体与基层社区最后一公里的工作中发挥了重要作用。不过需要注意的是，不同媒体在搭建智能化平台时侧重点不同，应在识别主要用户群体的基础上实现业务聚焦，在新闻、服务、政务、商务等众多已有业务中做减法，聚焦于关键业务，形成平台优势。

三、北京媒体参与基层社会治理的实施路径

北京市相关媒体可以充分发挥其在政务资源、生活资源、文化资源方面的区位优势，树立"打造具有区域特色的'新闻+服务'"的理念。媒体深度融合中的社会服务本质上是以媒体平台为出口的多部门合作，因此各级政府和媒体可以在此思路下，实现以多种服务集聚用户并联动提升新闻传播效果，同时实现媒体的社会服务和信息传播职能。在具体实践中，北京市媒体可以从"新闻+政务服务""新闻+生活服务""新闻+文化服务"三个方面入手，实现媒体服务不断"下沉"。

1.完善"新闻+政务服务"，提升基层协同治理水平

发展"新闻+政务服务"是推动媒体与党政资源深度融合，也是提高基层社会治理水平的有效方式。当前北京市各级媒体的政务服务功能有待完善，可以相应地丰富政务服务类型、搭建政府与民众双向互动的数字纽带、以民众数据为政府决策提供参考，进而从多方面提升基层协同治理水平。

一是丰富政务服务类型，深度嵌入民众的日常生活。相对而言，民众对各类政务服务的刚性需求超过新闻服务，因此如果在媒体平台中嵌入多种类型的政务服务，打造集党建、行政、司法等相关业务于一体的聚合式平台，可以在一定程度上聚集更多本地用户，实现媒体与政府目标的双赢。然而当前北京日报、北京青年报、新京报等置入的政务服务种类相对有限。虽然北京市区域融媒体中心主办的新闻客户端置入的服务种类较为丰富，但是部分功能尚未正式投入使用。这一现状限制了民众通过新闻客户端获得他们所需要的政务信息，不利于政府的智慧政务建设，媒体更无法有效通过政务服务

功能为自身引流。未来，北京市各级媒体可以在充分调研民众政务需求的基础上，提高政府部门在媒体中的入驻数量，丰富政务服务种类，实现民众政务生活智能化，使新闻客户端成为民众"指尖上的政务服务中心"。

目前部分省市的新闻客户端已成为政府履职尽责的重要渠道和平台，媒体与政府在政务服务方面已建立了共生关系，这为北京市相关工作提供了参考。如广东省"南方+"新闻客户端首批入驻的官方自媒体就已达120多个，包括12个政府部门的18项政务服务号，目前其主动响应政府倡导的"数字广东计划"，承接广东省线上交党费、出入境办理等众多政务服务。类似地，浙江省长兴传媒集团研发的"掌心长兴"客户端通过一站导引、一网通办、一端服务，开通了网上办事业务200余项，大大提高了服务效率。与之不同的是，"爱安吉"新闻客户端则采用了政务功能前置的深度融合发展模式。浙江省安吉县政府所有业务信息和网上政府服务均汇总至该客户端，政府部门不再单独开发新媒体平台，这使"爱安吉"新闻客户端快速发展为一个汇集当地政府部门新闻资讯以及叠加诸多公共服务的综合性智慧平台。

二是通过智能化的媒体平台实现政府与民众的双向互动。这具体表现为各级政府既可以通过媒体平台开展管理工作，同时民众也可以通过媒体平台反映问题、提出建议。这一方面便于各级政府听取民意、吸纳民智、汇聚民力；另一方面有助于畅通民众表达渠道，激发基层社会的活力。但就目前的情况而言，绝大多数智能化的媒体平台在下沉基层社区的过程中，还未实现政府与民众的有效互动。这具体表现为三点：一是在政策制定前期，相关政府部门尚未充分在媒体平台征求民众建议；二是智能化媒体平台尚未成为各级政府开展日常工作的工具；三是针对民众在媒体平台中反映的社会问题以及个人疑问，存在工作人员回复不及时以及选择性忽略的现象。未来，北京市各级媒体在发挥社会治理作用时，可以进一步将决策环节所需的民意调查、政策说明等聚合到智能化的媒体平台上，并且在日常工作中建立"接诉即办"的工作模式，形成民意调研、工作宣传、问政受理、线下落实、线上回复的常态化工作机制。

北京市依托智能化的媒体平台提升基层社区治理水平时，可以在一定程度上参考上海经验。如上海宝山区融媒体中心建立的"宝山汇"客户端，实现了自上而下的管理以及自下而上的参与相融合。在社区管理方面，"宝山汇"客户端接入完善自治共治的智能服务系统"社区通"，它以小区为单元，建立区、街镇、居村、居村民四级体系。在社区参与方面，民众可以在客户端上反映停车难、楼道堆物清理、法律服务求助、交通线路改道等日常生活中遇到的各种问题，由媒体工作人员集中整理后留言联系相关部门，其中一般性社区问题或服务需求由居委会协调解决，超出社区能力范畴的投诉、意见、服务需求和建议则由平台派单给相关部门、单位处理。这一工作思路强化了基层信息的沟通工作，既完善了媒体的本地服务功能，又使本地社会问题得到及时解决，促进达成社会共识。

三是以媒体平台为移动终端，以数据融通为政府科学决策提供参考。随着媒体融合向纵深发展，媒体自建平台中汇集的数据不断增多。未来，北京市相关媒体可以进一步打破数据壁垒，从而在媒体平台中汇集更多类型的数据，对其综合分析之后作为政府决策的依据。此类智能化媒体平台收集的数据可以分为两类。第一类是以直接收集的方式获得用户和社区居民的相关信息，如利用智能技术在新闻客户端中追踪用户的行为数据，社区工作人员通过媒体平台登记人口信息等。第二类是以开放数据接口的形式获得其他平台的共享数据。如通过媒体平台打通不同政府部门之间可公开的数据，并在此基础上汇集互联网中各类移动化数据、社交化数据和平台化数据，建立集政务、公安、交通、工业、农业、商业等多方面内容于一体的互联网数据库。

在这一思路下，部分媒体开始建设数据智库，其本质是利用大数据资源和技术为政府企业等客户提供高质量的产品服务。目前，南方都市报、封面新闻、澎湃新闻、齐鲁晚报等均在数据智库建设方面积极布局，使数据融通的媒体平台为政府决策科学化和社会治理能力现代化提供有力支撑。未来北京市相关媒体可从此方面参考借鉴。

2.丰富"新闻+生活服务"，建成有温度的社区枢纽

"新闻+生活服务"指的是媒体在搭建智能化的新闻客户端时置入各类民生服务，为本地民众提供日常生活中衣食住行等方面的帮助。这是媒体扩大影响力、增强用户黏性的有效手段，也是媒体履行公共服务职能的重要方式，更是媒体和基层政府服务理念的耦合体现，有助于实现媒体、基层政府、社会之间的深度融合。

第一，媒体应及时、全面整合当地生活服务资源，针对民众需求提供更多便民信息与服务。媒体赋能社区治理的关键是搭建资源共享平台，建立民众生活需求与各方供给主体的链接，畅通供需匹配通道，降低链接成本，提高链接效率。但目前北京市的问题在于，虽然政府一直致力于实现民众需求和有限资源之间的高效匹配，力求通过提高生活资源使用效率和社会服务覆盖范围进而提升社区治理水平，但是有影响力的生活服务信息共享平台尚未成功搭建，存在媒体缺位的情况。具体而言，2011年起北京市政府开展"一刻钟社区服务圈"建设，截至2018年底，累计建成1580个，覆盖92%的城市社区，基本实现居民步行一刻钟内解决商业、生活、文体娱乐等方面的服务需求；从2017年开始，北京市还启动"社区之家"创建活动，鼓励党政机关、企事业单位等有序向居民开放文化、体育、食堂、停车场等内部服务设施。[①]但是，以上信息没有得到有效的汇总整合，也没有形成统一的信息出口，这导致相关生活服务信息的价值无法得到充分释放。事实上，这正是媒体深度融合中北京市相关媒体以及区域融媒体可以发挥作用之处。

在这一方面，上海市区域融媒体建设的思路具有一定参考价值，其在建设新闻客户端时充分与当地基层政府合作，提供了具有时效性的生活信息和多样化的生活服务。例如，上海市虹口区融媒体中心与当地菜场合作，在其客户端中及时更新菜场价格，并为居民提供新鲜安全的净菜配送服务，其平

---

① 安娜：《北京市走出超大城市基层社会治理新路》，2019 年 4 月 3 日，https://www. mca.gov.cn/n152/n166/c40326/content.html，2023 年 11 月 20 日。

价菜专区菜价比传统菜市场便宜15%～20%。静安区融媒体中心和区体育局合作，在其客户端中设置"静安体育"端口，居民不仅可以查询到附近体育场馆的使用情况，而且有机会领取区体育局发放的优惠券。由此可见，上海市在媒体深度融合进程中，推动了社会资源整合，相对高效地实现了媒体资源与生活服务信息资源的对接，实现了媒体、基层政府、居民三者的共赢。

第二，媒体应基于基层人口特点提供差异化的生活服务，实现社区的精细治理。目前北京市各类新闻客户端提供的生活服务类型相对趋同，大多包括交通气象查询、法律法规查询、医疗医保服务、婚姻登记预约等。此类生活服务虽然具有一定实用性，但是这也反映出，其一方面没有充分考虑媒体用户的结构特点，另一方面没有体现媒体特色与区域特色。以上不足对应着媒体未来发展方向，即媒体在与各级政府合作提供各类生活服务时，应充分考虑媒体用户的特点。具体而言，大部分融媒体平台依托于社区和街道建立，不同区域、不同社区的居民结构差异较大，例如有的社区老人居多，有的社区中青年居多，因此媒体在提供生活服务时可以进一步提高针对性。

在老人比例较高的区域，媒体可以通过与当地政府合作建立智能平台系统，打造老年友好型社区。目前我国已步入老龄化社会，北京市也在不断探索特大型城市养老服务模式，未来相关媒体和基层政府可以共同依托智能平台提供各类生活服务从而响应国家和政府发展需求。例如可以通过新闻客户端、微信公众号等，为老年人的居家照护、医疗诊断、健康管理等提供远程服务及辅助技术服务，积极开展"智慧助老"行动；也可以加强对老年人智能技术使用的宣教和培训。对比来看，杭州市拱墅区"阳光老人家"社区居家养老服务体系建设具有一定参考价值。媒体与社区的合作建立了"阳光大管家"综合管理服务信息网络平台，具体分为养老大数据、服务订制、监督反馈、互助联动、全天候支援保障五大子平台。

在中青年住户较多的社区，媒体与社区合作时可以充分考虑他们的生活节奏，通过线上线下调研等方式，充分了解他们的日常生活需求，进而有针对性地提供服务。例如，为用户提供快递、洗衣、运动健身等方方面面的信息，提供衣、食、住、行、医、学、乐等多种服务。除此之外，此类住户相对媒介素养较高，社区可以充分发挥他们的特点，利用智能化平台开展相关服务工作，实现民众足不出户就可以服务到家。

3. 发展"新闻+文化服务"，实现民众的美好生活向往

在媒体深度融合进程中，智慧化媒体为我国文化建设提供了更多可能。借助这一平台，相关服务有助于增长民众的文化知识、丰富民众的文化体验、充实民众的精神生活，最终实现民众对美好生活的向往。不仅如此，这也有助于营造良好的社区文化氛围、优化社会文化环境、助力我国文化强国建设。

首先，媒体可以综合利用大数据技术整合区域文化资源和网络文化资源，为民众精准提供高质量的文化信息。当前在北京市属媒体中，北京日报新闻客户端相对更重视文化服务，其开设了文化类专栏并保持一定的更新频率，但整体上看，北京市文化服务仍然存在有待完善的地方，这些不足可以通过媒体深度融合中的智能化平台建设补足。具体而言，其一，北京市缺少一个权威的、整合型的文化信息出口。北京市历史、文化、艺术等各类人文资源和相关活动丰富，但是往往各机构通过自己的新媒体端运营宣传，人群覆盖范围有限。其二，海量的文化信息尚未实现与民众文化需求的精准匹配，这导致北京市各类人文资源的价值尚未被充分发挥出来。因此对于媒体而言，如何在丰富繁杂的信息流中寻找高质量的文化信息以及如何实现信息与用户的精准匹配是难点所在。未来北京市的媒体可以从两个方向上进行突破。第一，媒体使用数据挖掘和人工筛选相结合的方式，对北京市文化信息和公众关注的文化热点进行整合与加工；第二，媒体充分使用智能化技术，利用算法推荐等方式提高文化信息的有效到达率。

其次，媒体可以与基层政府建立合作，定期组织开展文化活动，增强民众对于社区和城市的情感认同。在媒体深度融合以及区域融媒体建设中，媒体和基层社区的合作可以落实到文化服务方面。社区是民众日常生活的基本空间，民众在其中度过的时间更久且对于社区有一定感情。因此，基层政府

联合媒体在社区街道举办的文化活动更容易吸引当地民众参与并引起民众共鸣。这不仅可以实现文化宣传，而且有助于实现文化惠民。目前北京日报、北京青年报、北京东城融媒体中心等在不同程度上有所尝试，未来可以走入更多社区，以更广泛的主题、更多样的活动践行宣传文化项目、文化遗产、文化政策的职责。同时，媒体与社区还可以结合重大节日，以微直播、随手拍等方式探索民众文化参与的新方式，增进民众对周边社区的了解和认同。

目前浙江等地的媒体在组织开展文化服务方面的经验具有一定参考价值。2020年，浙江海宁传媒中心在元宵节时联合51家政府职能部门和公益单位，组织了"网上元宵灯会"并举办了防疫知识趣味问答题活动，两天活动中市民们在线"点亮"了66万盏花灯。这一活动满足了缓解民众危机焦虑、传播传统文化和社会应急治理的迫切需求，其不仅为民众提供了不可替代的具有地方特色的文化活动，也扮演了连接政府与社会的重要角色，体现出媒体组织开展文化活动的多重意义。

第五章　智媒时代北京媒体的深度融合趋势

立足于以上发展战略，本研究进一步总结了智媒时代首都媒体深度融合的具体策略。总体来看，北京市媒体转型发展的关键在于服务于首都的城市建设，因而其媒体融合的策略也要聚焦于充分发掘首都特色和首都资源，力求放大首都的地域优势以及推动首都功能的强化落实。因此，本章从转型发展的重点方向和关键任务两方面来阐释智媒时代首都媒体深度融合的策略。

第一节　北京媒体深度融合的重点方向

北京市媒体深度融合要服务于首都城市战略定位，围绕首都"四个中心"功能建设开展，助力首都"四个服务"水平提升，推动新时代首都蓬勃发展。国内既有媒体融合实践展现出媒体融合在推动国家及城市治理水平和治理能力现代化，促进社会经济文化协调发展，深入文化、教育、医疗等各领域保障和增进民生福祉的巨大潜力。在鼓励民众政治参与和服务基层治理方面，媒体不再局限于传统的舆论引导者和民主监督者角色，而是在智慧政务服务、治国理政新平台建设等方面持续深化发展，比如长沙晚报社推出的"翰飞网格宝"和"融媒e站"，面向基层社区网格化管理系统，不仅通过乡镇街道融媒工作室社群来搭建基层群众交流平台，还以云计算、物联网等技术服务于智慧政务，在政务处理、综合治理、舆情报送、群众问题收集等方面实现了各级联动。在经济建设方面，作为媒体融合路径之一的"媒体+"产业融合模式，成为互联网时代媒体推动经济创新发展的新进路，比如湖北长江垄上传媒集团成立垄上MCN，专精三农内容输出和商业变现，通过聚焦农产品电商、搭建B2C内容营销和品宣体系，实现农业产业链上中下游资源集聚和供需精准对接，推动湖北省乡村振兴和农业农村发展。①在民生保障方面，媒体融合可以深入文化、教育、医疗、养老等众多领域，助力提升人民生活质量，比如河南大象新闻在新冠疫情期间开设"名校同步课堂"栏目后持续深化教育品牌建设，上海人民广播电台《直通990》节目组和上海市民政局联合打造"市民政务通——空中养老顾问"专栏，为市民提供养老信息咨询等服务。

党的二十大报告提出，要加快转变超大特大城市发展方式，打造宜居、韧性、智慧城市。北京市2023年国民经济和社会发展计划的报告中则指出，北京市未来要重点推动智慧城市建设，推动新一代信息技术和城市基础设施深度融合。同时，现代传播技术革命塑造了网络化、散点化、脱域化的全新城市交往形态，城市化的持续推进也伴随着诸多矛盾和冲突，因此，促进城市沟通、重建联结的力量成为超大城市治理的重要内容。②随着信息技术快速革新发展，媒介形态在技术层面上呈现移动化、智能化、数据化的趋势，融媒平台在海量信息、资源、服务聚合和精准分发上优势明显，数字化发展的媒体作为连接多元主体"桥梁"的角色更加突出，展现出服务于智慧城市治理的巨大潜力。在此背景下，首都媒体融合要重点完成从信息传播者向数字化资源服务整合型平台的转向，结合首都战略发展定位，持续拓展"媒体+"数字应用场景，推动智慧北京"七通一平"数字化基础设施建设，深度参与智慧北京建设和治国理政新平台建设。针对北京市外部环境更加复杂严峻、区域发展不平衡不充分问题依然突出、民生领域仍有短板弱项的发展现状，③

---

① 徐锐：《垄上模式：精准扶贫背景下涉农电视的"平台化"转型》，《编辑之友》2018年第4期。
② 孙玮：《可沟通：构建现代城市社会传播网络》，《探索与争鸣》2016年第12期。
③ 首都之窗：《关于北京市2022年国民经济和社会发展计划执行情况与2023年国民经济和社会发展计划的报告》，2023年1月15日，http://www.beijing.gov.cn/zhengce/zhengcefagui/202302/t20230223_2923014.html，2023年11月20日。

北京媒体融合要服务于首都全国政治中心、文化中心、国际交往中心、科技创新中心建设，必须重点把握数字社区建设、数字养老服务、数字生活品质、数字安全保障和数字文化发展五个方面。

一、媒体融合助力数字社区建设

党的二十大报告明确指出，要坚持人民城市人民建，人民城市为人民。近年来，北京市在持续推进"大城市病"治理和创新多元共治社会治理模式方面成果显著，创新开展吹哨报到、接诉即办，并进一步深化主动治理、未诉先办，群众诉求处理能力和处理效率稳步提升。同时，北京市完成了街道乡镇管理体制改革，基层治理能力不断增强，在回天地区探索形成大型社区治理样本，为超大社区基层治理积累了经验。[①]但是，北京市常住人口超两千万人，空间面积大，市内街道差异大，社区数量众多，导致超大城市治理仍面临不少难题。当前，北京市城市精细化管理模式仍有提升空间，社区居委会公共服务和沟通协商水平有待进一步加强，[②]群众基层社会治理参与能动性和协商民主过程参与主体代表性有待提升，[③]同时，北京市个别政务单位存在咨询留言答复不及时和办事统计数据发布不完整、不及时等情况。[④]这些问题都对实现首都治理能力和治理水平现代化、实现首都安全可持续发展提出了挑战。

北京市2023年政府工作报告中指出，北京市未来要用绣花功夫治理城市，

---

① 首都之窗：《2023 年政府工作报告》，2023 年 1 月 15 日，http://www.beijing.gov.cn/zhengce/zhengcefagui/202302/t20230223_2923029.html，2023 年 11 月 20 日。

② 马晓燕：《民生驱动的超大型城市社会治理模式探索——2021 年北京市社会治理发展状况》，《北京蓝皮书：北京社会治理发展报告（2021—2022）》，北京：社会科学文献出版社，2022 年。

③ 卢尧选、梁彬、张振军：《2021 年北京社区社会力量参与基层社会治理创新的协商民主路径研究》，《北京蓝皮书：北京社会治理发展报告（2021—2022）》，北京：社会科学文献出版社，2022 年。

④ 首都之窗：《北京市政务服务管理局关于 2022 年第四季度全市政府网站与政府系统政务新媒体检查情况的通报》，2023 年 3 月 9 日，https://www.beijing.gov.cn/zhengce/zhengcefagui/202303/t20230309_2932817.html，2023 年 11 月 20 日。

不断提升首都城市治理现代化水平，践行人民城市人民建、人民城市为人民理念，着力提高北京市精治共治法治水平，加快智慧城市建设，这就要求北京市媒体融合重点服务于数字社区建设，助力城市精细化管理和服务，鼓励群众参与基层民主协商和城市治理，推动构建社会多元主体共建共治共享格局，建设人民城市、人民首都。

在具体措施上，北京市可以依托有线电视网络和社交媒体搭建"空中+线上"的全覆盖数字社区平台，对接社区居民、居委会、物业公司等基层社区多元主体，将精准治理触角延伸向小区楼门院。数字社区平台搭载"媒体+服务+基层治理"功能，精准化推送街道和社区公告等重要资讯，整合社区生活圈便民服务，同时开通数字社区交流互动板块，并在北京市各级政协指导下打造基层民主协商数字空间，跟进推送民主协商进度及成果落实情况，形成基层城市治理闭环，助力提升基层社会治理效能。媒体数字社区平台可以接入北京市网格化管理工作平台和12345政务服务热线，助力"一网通办""一网统管""一网慧治"深入推进，拓宽民众反馈城市治理问题的渠道，提升北京市"吹哨报到""接诉即办"效率和服务水平，以基层数字化治理推动城市数字化治理，实现共建共治共享的城市治理体系。

二、媒体融合优化数字养老服务

2022年北京市60岁及以上常住人口为465.1万人，占全市常住人口的21.3%，其中65岁及以上常住人口为330.1万人，占全市常住人口的15.1%，[①]按照国际通行划分标准，北京已经进入深度老龄化社会，推动老龄事业发展、提升养老服务保障水平成为北京城市发展亟待解决的问题。当前，北京市以居家服务为重点，已经建立起了"三边四级"就近养老服务体系，累计建成运营社区养老服务驿站1424家，发展养老助餐点1168个，养老服务供给数量

① 北京市统计局国家统计局北京调查总队：《北京市2022年国民经济和社会发展统计公报》，2023年3月21日，http://www.beijing.gov.cn/zhengce/zhengcefagui/202303/t20230321_2941262.html，2023年11月20日。

和质量不断提升。同时，北京市出台了一系列养老服务政策，广泛对比筛查建立起全市基本养老对象服务台账，明确三类养老服务保障人群，为协调多元主体参与养老服务提供了制度保障。但是，北京市养老服务驿站可持续发展能力仍有待提升，老年抚养系数不断上升导致养老人力资源紧张，[1]养老机构服务布局不均衡，呈现城市外围区空置多、核心区和中心城区供不应求的现象。[2]同时，随着北京人口高龄化趋势加速，失能、失智的高龄老年人数量持续增加，[3]少子化和家庭居住模式小型化导致空巢化现象突出，[4]老年人的健康和照料问题成为北京市人口老龄化过程中最突出的问题。

国务院印发的《"十四五"国家老龄事业发展和养老服务体系规划》指出，要实施积极应对人口老龄化国家战略，推动老龄事业和产业协同发展，构建和完善兜底性、普惠型、多样化的养老服务体系，这要求北京市媒体融合服务于完善北京市"三边四级"养老服务体系，针对当前较突出的养老服务布局不均衡和老年人健康照料问题，以数字化手段实现养老服务供需高效匹配，推动引入社会主体提供养老服务，助力建设智慧居家养老服务体系。

媒体要充分发挥信息资源整合优势，整合公有养老服务资源，引入市场化养老服务资源，接入养老服务保障相关的政府部门、养老志愿服务队、全市各类养老服务机构和各级医院挂号资源，提供便利的一站式查询服务和资源接入服务，高效匹配老年人不同养老需求和相应养老服务资源，缓解区域养老服务供需不平衡。邀请专家开展养老服务政策讲解、医疗健康科普等讲座和咨询服务，在依托各类社交媒体平台、短视频平台提供数字化线上服务

①　朱赫、李升、冯清然：《北京市养老服务发展研究报告》，《北京蓝皮书：北京社会发展报告（2020—2021）》，北京：社会科学文献出版社，2021年。

②　邱维伟、钱世鑫：《2021—2022年北京市养老服务体系发展报告》，《北京蓝皮书：北京社会发展报告（2021—2022）》，北京：社会科学文献出版社，2022年。

③　首都之窗：《北京市"十四五"时期老龄事业发展规划》，2021年11月11日，http://www.beijing.gov.cn/zhengce/zhengcefagui/202111/t20211126_2545746.html，2023年11月20日。

④　李金娟：《2019年北京市社区养老服务融合发展研究》，《北京蓝皮书：中国社区发展报告（2019—2020）》，北京：社会科学文献出版社，2020年。

的同时，要充分考虑老年人媒体使用习惯，利用现有广播电视渠道提供空中服务。针对失能失智、缺乏照料的高龄老年人，由民政部门牵头，委托终端设备技术公司开发适老化移动智慧养老终端，通过搭载常用养老服务资源、接入社区养老服务机构，为老年人快速对接周边各类养老服务资源，提升高龄老年人紧急情况监测和响应速度。

三、媒体融合提升数字生活品质

党的二十大报告指出，必须坚持在发展中保障和改善民生，鼓励共同奋斗创造美好生活，不断实现人民对美好生活的向往，要抓住人民最关心最直接最现实的利益问题，着力解决好人民群众急难愁盼问题。近年来，北京市持续优化基本公共服务保障水平、增进民生福祉，在推动基本公共服务实施标准化、"双减"政策落地实施和义务优质教育均衡发展、构建四级联通公共卫生工作机制等方面成果显著。针对城乡发展不平衡的问题，北京市制定实施了率先基本实现农业农村现代化行动方案，基本消除集体经济薄弱村，扎实推进美丽乡村建设。[1]然而，当前北京市农村基础设施和公共服务建设仍有短板，优质教育资源供给和医疗服务水平仍有待提升。[2]此外，2022年末北京市常住外来人口占常住人口的比重为37.8%，[3]保障外来人口配套生活服务不仅是基本公共服务均等化的重要环节，也是留住外来人才、促进北京市持续健康发展的重要前提。北京市2023年政府工作报告指出，要全面增强首都人才凝聚力，面向全球招贤引才，这就需要为人才更好地解决住房、医疗和子女教育等基本生活问题。但根据《平安北京建设发展评估报告（2021年）》，北

---

① 首都之窗：《关于北京市 2022 年国民经济和社会发展计划执行情况与 2023 年国民经济和社会发展计划的报告》，2023 年 1 月 15 日，http://www.beijing.gov.cn/zhengce/zhengcefagui/202302/t20230223_2923014.html，2023 年 11 月 20 日。

② 刘欣：《2021—2022 年北京乡村振兴研究报告》，《北京蓝皮书：北京社会发展报告（2021—2022）》，北京：社会科学文献出版社，2022 年。

③ 北京市统计局国家统计局北京调查总队：《北京市 2022 年国民经济和社会发展统计公报》，2023 年 3 月 21 日，http://www.beijing.gov.cn/zhengce/zhengcefagui/202303/t20230321_2941262.html，2023 年 11 月 20 日。

京市外来人口对享受公共服务的感知出现弱化，对随迁子女上学难、看病难、买房难等问题感知提升。[①]同时，北京市居民心理健康水平十年来总体呈下降趋势，[②③]中年居民、未婚居民、失业居民、低收入居民以及非京籍居民主观幸福感相对较低，[④]心理健康服务成为满足居民美好生活需要的重要环节。

北京市媒体融合要服务于提升居民数字生活质量，促进基本公共服务均等化，满足市民对便利性、宜居性、多样性、公正性、安全性美好生活的需求，不仅要关注基本生活服务保障领域，还要关注居民精神文化需求，促进形成积极健康的社会心态。

媒体可以整合居民主要基本公共服务获取渠道，科普公共服务政策，特别注意为外来人口提供便利，协助相关政府部门形成服务供给合力。针对居民感知明显的教育问题，可由教育主管部门组织北京市内优秀教师和招聘遴选课后服务专职教师共同组成师资库，录制其擅长教学内容入驻媒体平台，实现区域内优质教育资源共建共享。[⑤]在北京市居民社会心态与主观幸福感方面，媒体要始终坚持正向宣传为主，增加正向内容供给，以正向话语促进居民自我价值感、自我认知感提升，增强人民精神力量。同时，可充分与各类音视频平台、社交媒体平台合作，接入北京市内社区和心理服务站点，通过线上加线下的方式开展各类心理健康知识科普和团体休闲娱乐活动，帮助居民缓解心理问题、提升幸福感。

---

① 王建新：《平安北京建设评估报告（2021）》，《平安中国蓝皮书：平安北京建设发展报告（2021）》，北京：社会科学文献出版社，2021年。

② 杨智辉、张濯：《2020年北京社会心态结构及社会心态建设》，《北京社会心态蓝皮书：北京社会心态分析报告（2020—2021）》，北京：社会科学文献出版社，2021年。

③ 李佩玲、胡水、崔伟、孟泽龙：《北京市居民心理健康水平调查报告（2021）》，《北京社会心态蓝皮书：北京社会心态分析报告（2021—2022）》，北京：社会科学文献出版社，2022年。

④ 杨智辉、陈晓岩、曹伊婧：《北京市居民主观幸福感调查报告（2021）》，《北京社会心态蓝皮书：北京社会心态分析报告（2021—2022）》，北京：社会科学文献出版社，2022年。

⑤ 周洪宇、齐彦磊：《"双减"政策落地：焦点、难点与建议》，《新疆师范大学学报（哲学社会科学版）》2022年第1期。

四、媒体融合服务数字安全保障

北京作为首都是全国政治中心，首都的特殊地位和功能要求坚决维护首都安全稳定，始终把政治中心服务保障摆在首位，把安全发展理念贯穿于城市管理各领域和全过程，全力营造安全优良政务环境。近年来，通过持续推进平安北京建设，首都政治中心服务保障能力稳步提升，在深化扫黑除恶专项斗争、加强和改进信访工作、统筹开展安全风险治理等方面取得了显著成就，极大提升了城市韧性。但北京作为超大城市人口数量众多、结构复杂、流动性强，城市运行体系日趋复杂，使得城市安全风险来源日益复杂，各类风险事件的发生频率高且破坏性强。[①]同时，北京处于经济社会转型关键期，各类社会矛盾凸显，各种不稳定不确定因素增多，[②]这就对北京市风险防范应对和舆情把控工作提出了更高要求。

北京市媒体融合要服务于建设平安北京，推动建立健全高效的社会风险监测、防范和应对联动机制，提升舆论监测和回应能力，打通突发风险事件和重大舆情事件中相关部门机构和民众的高效沟通渠道。同时，党的二十大报告指出，要加强全媒体传播体系建设，塑造主流舆论新格局，健全网络综合治理体系，推动形成良好网络生态，这就要求北京市媒体融合要自觉适应智媒时代传播样态，守好网络空间意识形态斗争主阵地，始终服务于巩固社会主义意识形态凝聚力和引领力，保障首都意识形态安全。

首都媒体融合要推动政府机构、企事业单位、社会组织间和主流媒体间信息资源共享，通过"大数据+云平台+人工智能"的方式实现舆情和社会风险精准监测、分析和预警，建立完善舆情联动机制、风险防范和应急联动机制，通过云平台实现消息管控和指挥平台的统一，提升媒体和相应政务主体对重大舆情事件反应速度和反应能力，进而增强首都主流媒体舆论引导能力，

---

① 马晓燕：《2020 年北京市人口特征与城市风险应对能力建设研究》，《北京蓝皮书：北京社会治理发展报告（2020—2021）》，北京：社会科学文献出版社，2021 年。

② 杨慧：《2020 年北京社会治理的进展、问题及对策建议》，《北京蓝皮书：北京社会治理发展报告（2020—2021）》，北京：社会科学文献出版社，2021 年。

巩固壮大奋进新时代的主流思想舆论。依托主流媒体搭建常态化风险防范和应急信息即时采集发布体系，对接跨区域跨部门信息发布系统，助力即时高效的信息发布、政策解读和政务舆情回应。针对重大突发事件，充分发挥媒体"桥梁"功能建立应急救援对接机制，整合媒体资源，协调各级政府和社会各种应急救援力量，打通群众紧急求助通道和意见反馈渠道，快速汇总和精准对接群众应急需求。

五、媒体融合促进数字文化发展

党的二十大报告指出，要围绕举旗帜、聚民心、育新人、兴文化、展形象建设社会主义文化强国。当前，北京持续推进文化惠民工程，通过图书馆和文化馆等四级公共文化基础设施建设和开展首都市民文化活动等一系列举措，推动优质公共文化资源向基层流动、公共文化服务设施网络和服务体系不断完善。同时，北京市实施文明城区创建三年行动计划，通过"北京榜样"主题活动持续开展首都精神文明建设。但是，北京市文化中心建设仍存在一些问题。公共文化服务供给方面，文化基础设施分布存在不均衡现象，中心城区与远郊区人均拥有量差异较大。[1]文化产业发展方面，高端文化产品供给不足，文化创新能力有待提升，缺乏具有核心竞争力的国际知名文化品牌。[2]

党的二十大报告提出，要以社会主义核心价值观为引领，发展社会主义先进文化，弘扬革命文化，传承中华优秀传统文化，满足人民日益增长的精神文化需求，这要求北京市媒体融合服务于首都文化中心建设时，要特别注重保护北京历史文化遗产，发掘北京红色革命文化，加强公民道德建设和社会主义核心价值观建设，以首善标准做好首都文化这篇大文章；要助力文化产业数字化和创新融合发展，促进公共文化服务供给均等化和供给质量提升，

---

[1] 藤依舒、薛咏贤、黄晓丰：《2021年北京公共文化服务发展报告》，《北京蓝皮书：北京文化发展报告（2021—2022）》，北京：社会科学文献出版社，2022年。

[2] 李治堂、张露丹：《北京文化产业发展总报告（2021）》，《文化产业蓝皮书：北京文化产业发展报告（2021）》，北京：社会科学文献出版社，2022年。

增强中国文化、北京文化国际影响力。

首都媒融合要以社会主义核心价值观为引领，创新推进"北京榜样"等系列主题活动的同时，充分挖掘北京市红色文化资源，讲好"双奥之城"故事，深入开展社会主义核心价值观宣传教育和首都精神文明建设。发挥主流媒体影响力，通过开设文化宣传专题、发起微博讨论话题等方式，创新传播手段宣传京味文化，打造一批北京特色的文化品牌，促进传统文化的传承与创新发展。积极进行"媒体+文旅""媒体+时尚"等产业融合，与华为、阿里巴巴等技术企业展开合作，以5G、大数据、云平台、物联网、高清视频等先进技术引领文化创意产业发展，以科技创新和产业融合促进文化持续创新活力。在公共文化服务供给方面，对接博物馆、剧院等传统线下公共文化服务供给机构建立优质文化数字资源库，积极与抖音、B站等音视频媒体平台联动开展线上与线下融合的文娱活动，形成公共文化服务供给合力，实现区域内文化资源共享，同时通过大数据把握公共文化服务需求，提升文化服务供给水平。在提升文化国际影响力方面，培育鼓励北京主流媒体和多元民间主体入驻国际媒体平台，加强首都媒体与海外媒体交流合作，用多种声音讲好中国故事、北京故事。

第二节　北京媒体深度融合的关键任务

一、优化媒体产品功能界面，提升智媒用户黏性

党的二十大报告提出"巩固壮大奋进新时代的主流思想舆论"，对传媒业做好新闻舆论工作，以人民为中心办好媒体、做好传播、沟通信息、引导舆论等工作提出了新的要求，[①]为媒体融合向纵深发展，巩固壮大奋进新时代的主

---

① 柳斌杰：《巩固壮大奋进新时代的主流思想舆论——2022年我国传媒业回望与前瞻》，《新闻战线》2023年第3期。

流思想舆论提出了明确要求，指明了前进方向。而在数字化的背景下，如何强化与人民群众之间的连接，切实发挥媒体舆论引导作用，实现意识形态责任落实到位的目标成为媒体深度融合的重要任务所在。《关于加快推进媒体深度融合发展的意见》指出，要强化媒体与受众的连接，以开放平台吸引广大用户参与信息生产传播，生产群众更喜爱的内容，建构群众离不开的渠道。①

北京市属媒体在我国整体数字化转型加速的时代背景，巩固壮大主流思想舆论阵地的时代任务下，积极打造数字平台，拥抱数字经济，融入社会治理，在媒体产品创新、技术应用等层面都卓有成效。未来，在智媒化、平台化的建设趋势下，北京市媒体融合需在提升媒体用户黏性、强化平台用户连接等方面继续优化，充分避免当前媒体产品存在的两方面问题，一是因数量大于质量、原创优质内容少而出现重复信息推送引起的信息倦怠、内容与居民生活关联低等问题；二是服务功能不健全、各功能之间不贯通等情况，从而通过洞察用户需求、优化功能设计的方式实现用户留存，为做好舆论引导工作打好基础。

北京市媒体融合首先应充分洞察用户需求，发挥数据抓取和分析能力，将已发布的新闻内容和社会服务的传播热度、受众评价等量化为具体数据，依托用户数据进行用户画像，精准把握受众取向。并以用户为核心建设评估反馈系统，收集整理数据，作为后续传播参考指标，以此实现对区域用户的精准定位。可以借助各种资源建立基于互联网的用户连接，可以通过整合社会各方面资源，建立更精确、更有价值的用户数据库。②

在此基础上，进一步优化媒体产品的功能和界面设计实现真正的用户留存。在内容层面，需要利用本地特色资源，针对区域用户需求，打造本土化内容产品，如"社区新闻"等，并结合北京市民关心的社会民生问题，及时

---

① 新华网：《中共中央办公厅　国务院办公厅印发〈关于加快推进媒体深度融合发展的意见〉》，2020 年 9 月 26 日，http://www.xinhuanet.com/politics/2020-09/26/c_1126542716.htm，2022 年 12 月 17 日。

② 宋建武、彭洋：《媒体的进化：基于互联网连接的平台型媒体》，《新闻与写作》2016 年第 8 期。

传递相关信息；在服务层面，则需清晰界定服务供给，实现服务功能的聚合与贯通，简化操作难度。此外，媒体还需简化产品页面设计，以简洁明了的方式向用户阐明各功能，并考虑到老年人等弱势群体的使用难点，推动数字服务适老化改造，让市民享受到更多便利。

二、建立数据智能分析平台，提升精准服务能力

党的十八大以来，北京市全面落实首都城市战略定位，深刻回答了"建设一个什么样的首都、怎样建设首都"这一重大时代课题，持续推进"大城市病"治理，首都和谐宜居水平显著提升。[①]但北京作为超大城市，部分传统基础设施供给能力始终有限，面对多样化的需求，城市公共服务供给难度快速上升，要实现公共服务精细化供给亟须数字化、智能化的新型基础设施支撑。

北京市国民经济和社会发展计划报告指出，要继续推动智慧城市建设，推动新一代信息技术和城市基础设施深度融合，让数字技术更好惠及民生、造福人民群众。媒体融合在其中可进一步扮演数字化基础设施平台的角色，推动公共服务的智能化、精准化，以智慧城市运营为路径，提供科学化、精细化、智能化管理与服务，推进城市治理体系和治理能力现代化。在拓展媒体的业务范围和提升媒体的营收能力的同时，真正融入当地经济社会发展大局和治理体系与治理能力现代化的进程中。[②]

助力智慧城市建设和公共服务精准化的第一步需要强化数据智能分析能力。北京市目前已经拥有"北京云·融媒体"等平台，并实现了媒体接入、技术共享以及内容共创等建设目标。为承载起数字社区建设、养老服务、数字生活、安全保障和文化发展等服务功能，还需进一步克服融媒平台建设普

---

① 北京市人民政府：《2023 年政府工作报告》，2023 年 1 月 15 日，http://www.beijing.gov.cn/zhengce/zhengcefagui/202302/t20230223_2923029.html，2023 年 11 月 20 日。

② 郭全中：《"大融合"思路与打造自主可控平台——以南方＋客户端为例》，《新闻战线》2023 年第 4 期。

遍存在的技术依赖严重、用户活跃度低、运营模式单一等问题，进一步实现融媒平台的提档升级。

助力城市治理和公共服务要求北京市媒体融合继续发挥智能技术优势，摆脱技术依赖，提升自我建设能力，建立集数据抓取与智能分析于一体的智媒平台。结合自身已有的服务功能，通过数据分析，了解用户个性化需求，精准定位到具备对应需求的群体，进行相关推送和连接；在用户使用后，收集反馈其用户的使用偏好、民生数据等，以此建设用户数据库；用户数据具体可以包括用户的使用兴趣、习惯等，并构建起数据评估指标和体系，实现精准化、高效化的民生服务，同时发挥媒体平台的联通优势，推动平台服务功能的贯通。

三、联通部门服务信息接口，提升资源整合水平

北京市媒体融合明确服务于北京市首都城市战略定位和各项工作部署。媒体融合一方面是要帮助传统媒体更好适应新的技术环境，另一方面是要更多发挥媒体在提升社会治理能力和推进社会治理体系现代化方面的独特功效。[①]媒体融合为主流媒体参与社会治理提供平台支撑的同时，也需要联通其他社会部门和平台，以万物互联的公共服务平台为建设目标，以提升城市治理能力的智慧大脑为方向定位，为优化社会治理提供数据和技术支持。

在现有工作的基础之上，北京市媒体融合未来的工作重点在于进一步打通各平台各功能之间的壁垒，在智慧政务联通、社会资源整合、运行机制建设等方面继续发挥媒体功能。

智慧政务是媒体政务服务的自然延伸，也是推进国家治理体系和治理能力现代化的必然选择。[②]这要求媒体建设强化数字化能力建设，促进信息系统

---

①　中新网：《浙江大学韦路：媒体融合具有推进社会治理"独特功效"》，2020年12月8日，http://www.zj.chinanews.com.cn/jzkzj/2020-12-08/detail-ihaepctt0485486.shtml，2023年11月20日。

②　郭全中：《"大融合"思路与打造自主可控平台——以南方＋客户端为例》，《新闻战线》2023年第4期。

网络互联互通、数据按需共享、业务高效协同。[①]一方面，北京市媒体融合可进一步加强各单位部门间的信息联通和调度统一，媒体可以通过云平台建设实现消息管控和指挥平台的统一，加强政府机构、企事业单位、社会组织间和主流媒体间沟通交流，实现信息传达畅通，提升社会治理效率，使得公共服务资源要素突破平台、部门界限充分流动。另一方面，融媒平台可以连接政务部门的信息、服务端口，建设起统一调配基本公共服务资源的聚合平台，集社保医保、升学就业、生活出行等功能于一体，实现社会资源的互联互通。

此外，在平台与部门间功能联通的基础之上，还需建立完善一体化运行的工作机制。媒体将各部门的服务内容进行整合输出后，需要有及时且可行的反馈机制，将用户的实际使用率、传播触达率等进行实时的数据收集，转化为量化数据指标，并将难以用数字呈现的因素，诸如用户体验感受、内容社会影响、实际服务效果等，都纳入评估体系，建立一套较为完整全面的评估系统，对于差异化产品和内容需要构建多元化、全覆盖的评估体系，并系统化地反馈给各部门，发挥好媒体统筹协调的职能。

---

① 新华网：《中共中央　国务院印发〈数字中国建设整体布局规划〉》，2023 年 2 月 27 日，http://m.xinhuanet.com/2023-02/27/c_1129401407.htm，2023 年 11 月 20 日。

参考文献

[1] 艾媒产业升级产业研究中心：《2019中国县级融媒体中心建设研究与分析报告》，2019年4月19日，https://www.iimedia.cn/c400/64057.html，2023年11月20日。

[2] 安娜：《北京市走出超大城市基层社会治理新路》，2019年4月3日，https://www.mca.gov.cn/n152/n166/c40326/content.html，2023年11月20日。

[3] 白红义：《重构传播的权力:平台新闻业的崛起、挑战与省思》，《南京社会科学》2018年第2期。

[4] 《北京日报客户端全新升级上线！》，2018年10月9日，https://baijiahao.baidu.com/s?id=1613833626758470395&wfr=spider&for=pc，2023年11月20日。

[5] 《北京日报超级客户端来了！"超级"在哪里？》，2023年10月16日，http://bj.news.cn/20231016/56f43379ad5e42158f3e6acf27533be1/c.html，2023年11月20日。

[6] 北京日报：《密集挂牌北京全市16个区级融媒体中心均已建立》，2018年8月3日，http://www.xinhuanet.com/zgjx/2018-08/03/c_137365573.htm，2023年11月20日。

[7] 北京商报：《北京日报：一场以融媒为名的华丽转身》，2020年9月5日，https://www.bbtnews.com.cn/2020/0905/367786.shtml，2023年11月20日。

[8] 北京商报：《新京报App全新上线今日头条提供全程技术支持》，2018年11月1日，http://media.people.com.cn/n1/2018/1101/c40606-30374943.html，2023年11月20日。

[9] 北京市规划和自然资源委员会：《北京城市总体规划（2016年—2035年）》，2018年1月9日，http://ghzrzyw.beijing.gov.cn/zhengwuxinxi/zxzt/bjcsztgh20162035/202001/t20200102_1554613.html，2023年11月20日。

[10] 北京市海淀区人民政府：《北京市海淀区融媒体中心成立》，2018年7月21日，http://hdqw.bjhd.gov.cn/bmgz/xcgz/201808/t20180809_1528776.htm，2023年11月20日。

[11] 《北京市人民政府关于印发〈北京市突发事件总体应急预案（2021年修订）〉的通知》，2021年8月6日，http://www.beijing.gov.cn/zhengce/zhengcefagui/202108/t20210806_2457870.html，2023年11月20日。

[12] 《中共北京市委关于新时代繁荣兴盛首都文化的意见》，2020年2月14日，http://www.beijing.gov.cn/zhengce/zhengcefagui/202004/t20200410_1799129.html，2023年11月20日。

[13] 北京市委巡视办：《中共北京日报社党组关于巡视整改情况的通报》，2019年3月18日，http://www.bjsupervision.gov.cn/zt/shejswxc/xszg/201905/t20190506_64178.html，2023年11月20日。

[14] 卜宇：《精准传播的技术路径——以江苏省广播电视总台为例》，《传媒》2020年第20期。

[15] 蔡方华：《用"信达雅"的方式传达主流价值——团结湖参考的转型之路》，《新闻战线》2016年第9期。

[16] 蔡雯：《媒体融合进程中的"连接"与"开放"——兼论新型主流媒体建设的难点突破》，《国际新闻界》2020年第10期。

[17] 陈昌凤、王宇琦：《新闻聚合语境下新闻生产、分发渠道与内容消费的变革》，《中国出版》2017年第12期。

[18] 陈国权：《寻找"非市场需求"——2019中国报业转型发展报告》，《编辑之友》2020年第2期。

[19] 陈国权：《中国媒体"中央厨房"发展报告》，《中国记者》2018年第1期。

[20] 陈海峰：《变革与坚守:社交媒体时代的舆论引导工作》，《中州学刊》2021年第5期。

[21] 陈璐：《新设知识区，B站破圈的平衡术》，2020年6月8日，https://www.sohu.com/a/400430040_114778，2023年11月20日。

[22] 陈诗：《微信矩阵对传统纸媒的价值提升——以〈新京报〉为例》，《传媒》2019年第6期。

[23] 崔毅飞：《"北京云·融媒体"市级技术平台上线》，《北京青年报》2019年11月24日，http://epaper.ynet.com/html/2019-11/24/content_342511.htm?div=-1，2023年11月20日。

[24] 崔颖：《媒体深度融合的产业模式与路径探索》，《新闻爱好者》2019年第2期。

[25] 戴元初：《以新型主流媒体的创新提升舆论影响力——《北京时间》媒体融合的实践与探索》，《传媒》2017年第15期。

[26] 方提、尹韵公：《县级融媒体中心建设的重要意义》，《光明日报》2019年9月23日，第5版。

[27] 冯莉、丁柏铨：《以媒体融合之力，提升主流媒体舆论引导水平——以人民日报、新华报业、上海报业2019年全国两会报道为例》，《传媒观察》2019年第4期。

[28] 国家广播电视总局：《北京局推动区级融媒体中心建设》，2020年8月10日，http://www.nrta.gov.cn/art/2020/8/10/art_114_52417.html，2023年11月20日。

[29] 《广电总局印发〈关于加快推进广播电视媒体深度融合发展的意见〉的通知》，2020年11月13日，http://www.gov.cn/gongbao/content/2021/content_5582647.htm，2023年11月20日。

[30] 郭涛：《新媒体怎样坚守党报的初心与使命？》，《新闻战线》2019年第9期。

[31] 郭小安：《舆论引导中情感资源的利用及反思》，《新闻界》2019年第12期。

[32] 郭愚：《都市报全媒体抗"疫"报道及其创新——以〈钱江晚报〉为例》，《传媒》2021年第4期。

[33] 韩春苗：《5G时代与媒体融合》，《新闻战线》2017年第21期。

[34] 何加晋：《县级融媒体热的冷思考》，《视听》2020年第2期。

[35] 侯健美：《打通媒体融合的"最后一公里"——北京市区级媒体融合现状分析》，《新闻与写作》2018年第6期。

[36] 胡正荣：《打造2.0版的县级融媒体中心》，《新闻界》2020年第1期。

[37] 黄旦：《试说"融媒体"：历史的视角》，《新闻记者》2019年第3期。

[38] 黄格非、俄小天：《以客户端为驱动引领变革——钱江晚报·小时新闻客户端在推进媒体融合中的探索与思考》，《中国传媒科技》2021年第3期。

[39] 姬德强、朱泓宇：《传播、服务与治理：媒体深度融合的三元评价体系》，《新闻与写作》2021年第1期。

[40] 江飞：《媒体融合再认知：回归元传播》，《武汉科技大学学报（社会科学版）》2017年第6期。

[41] 蒋虎：《建设"大媒体"平台探索媒体融合发展之路——北京广播电视台建设发展新媒体的思考》，《中国广播》2015年第1期。

[42] 蒋子文：《传媒湃丨北京日报社推进融合发展，关停北京文摘报、京郊日报》，2019年3月20日，https://www.thepaper.cn/newsDetail_forward_3166507，2023年11月20日。

[43] 京报网：《京报集团社会责任报告（2022年度）》，https://wap.bjd.com.cn/news/2023/05/31/10449997.shtml，2023年11月20日。

[44] 靖鸣、管舒婷：《智能时代算法型内容分发的问题与对策》，《新闻爱好者》2019年第5期。

[45] 匡文波：《北京市新媒体用户特征的调查报告》，《新闻与写作》2019年第6期。

[46] 雷跃捷、李汇群：《媒体融合时代舆论引导方式变革的新动向——基于微信朋友圈转发"人贩子一律死刑"言论引发的舆情分析》，《新闻记者》2015年第8期。

[47] 李红艳：《文化新闻传播的新媒体实践——以北京日报"艺绽"公号为例》，《现代传播（中国传媒大学学报）》2017年第2期。

[48] 李静：《北京市区级融媒体中心的建设现状与思考》，《中国广播》2019年第1期。

[49] 李凌、陈昌凤：《信息个人化转向:算法传播的范式革命和价值风险》，《南京社会科学》2020年第10期。

[50] 李卿：《用UGC助力内容生产打造爆款新闻视频》，《传媒评论》2019年第11期。

[51] 李希光、郭晓科：《主流媒体的国际传播力及提升路径》，《重庆社会科学》2012年第8期。

[52] 李扬：《突发公共卫生事件视域下的全媒体记者探析——以新京报"我们视频"采访张文宏为例》，《中国广播影视》2020年第18期。

[53] 李宇：《浅析广播电视国际传播渠道建设融合发展的概念、内涵与路径》，《现代视听》2021年第6期。

[54] 梁振君：《融媒时代重大主题报道的创新传播路径》，《青年记者》2021年第4期。

[55] 林沛：《独家专访喻国明：互联网进入"下半场"，传统媒介的机会在哪？》，2018年2月6日，https://www.sohu.com/a/221136692_613537，2023年11月20日。

[56] 刘聪、杨荔圆、张盟：《媒体融合下新京报发展状况分析》，《北方传媒研究》2019年第3期。

[57] 刘砥砺：《北京青年报：面向"Z世代"的探索与转型》，《中国记者》2022年第6期。

[58] 刘彦君、吴玉辉、赵芳、刘如、李荣：《面向突发公共事件舆论引导的应急科普机制构建的路径选择——基于多元主体共同参与视角的分析》，《情报杂志》2017年第3期。

[59] 刘颖：《深融背景下传统媒体"破圈"传播路径选择——2020年新京报五个创新案例浅析》，《中国记者》2021年第2期。

[60] 刘园香：《传媒产品传播的外部性和治理》，《新闻研究导刊》2016年第16期。

[61] 刘兆杰：《台网融合产品的建设研究——以"北京时间"为例》，《西部广播电视》2020年第5期。

[62] 柳爽：《听，北京日报来了》，2020年9月9日，https://ie.bjd.com.cn/5b165687a010550e5ddc0e6a/contentApp/5b16573ae4b02a9fe2d558f9/AP5f587bcfe4b0dd63db4a970e?isshare=1&app=6018cd9ce887f7c0&contentType=0&isBjh=0，2023年11月20日。

[63] 吕旺英：《我的"徒弟""小南"》，《青年记者》2018年第28期。

[64] 马宪颖：《县级融媒体中心的"破"与"立"——以北京市大兴区融媒体中心为例》，《新闻战线》2020年第1期。

[65] 毛颖颖：《"流量"时代党报评论守正创新的实践思考——以北京日报"长安观察"融合实践为例》，《新闻与写作》2019年第11期。

[66] 梅宁华、支庭荣主编：《中国媒体融合发展报告（2020）》，北京：社会科学文献出版社，2020年。

[67] 尼古拉斯·尼葛洛庞帝：《数字化生存》，胡泳、范海燕译，北京：电子工业出版社，2017年。

[68] 齐雅文：《〈新京报〉报纸内部系统只剩下7个人了！其余已全部转型新媒体》，2015年12月1日，https://www.sohu.com/a/435657206_613537，2023年11月20日。

[69] 人民日报社：《融合体系——中国媒体融合发展年度报告》，北京：人民日报出版社，2020年。

[70] 人民网：《〈北京日报〉首个融媒体产品：四拨H5惊艳党代会》，2017年10月10日，http://media.people.com.cn/n1/2017/1010/c40606-29577292.html，2023年11月20日。

[71] 人民网：《媒体融合写入"十四五"规划建议如何融？专家解读》，2020年11月10日，http://www.people.com.cn/n1/2020/1110/c32306-31925926.html，2023年11月20日。

[72] 人民网：《唐维红：媒体融合能为品牌带来什么？》，2020年7月23日，https://baijiahao.baidu.com/s?id=1672992451139441275&wfr=spider&for=pc，2023年11月20日。

[73] 人民网：《习近平主持中央政治局集体学习：推动媒体融合向纵深发展》，2019年1月25日，http://politics.people.com.cn/n1/2019/0125/c1024-30590913.html，2023年11月20日。

[74] 邵志择：《关于党报成为主流媒介的探讨》，《新闻记者》2002年第3期。

[75] 沈维梅：《从商业媒体平台之扩张谈主流媒体新型传播平台的打造》，《科技与出版》2021年第4期。

[76] 沈芸、刘硕：《这家报纸暂停出版，用户数何以井喷》，2020年3月13日，http://www.zgjx.cn/2020-03/13/c_138874762.htm，2023年11月20日。

[77] 沈峥嵘：《北京青年报社媒体融合的实践与思考》，《传媒》2018年第8期。

[78] 史安斌、王沛楠：《传播权利的转移与互联网公共领域的"再封建化"——脸谱网进军新闻业的思考》，《新闻记者》2017年第1期。

[79] 双传学：《坚定不移推动媒体融合向纵深发展》，《中国报业》2020年第9期。

[80] 宋甘澍：《新京报创刊17周年，线上经营收入占比近八成》，2020年11月12日，https://www.lanjinger.com/d/147496，2023年11月20日。

[81] 宋建武、黄淼、陈璐颖：《平台化:主流媒体深度融合的基石》，《新闻与写作》2017年第10期。

[82] 宋建武、林洁洁：《遵循新兴媒体发展规律 推动媒体融合向纵深发展》，《传媒观察》2019年第4期。

[83] 宋建武：《没有自主可控的平台，就没有主流媒体的一切》，《青年记者》2019年第10期。

[84] 宋全浩：《县级融媒体中心做好抗疫报道的本地化策略》，《记者观察》2020年第11期。

[85] 搜狐：《北青社区传媒入选传媒创新经典案例40强，并获得2018中国传媒项目拓展创新奖》，2018年6月7日，https://www.sohu.com/a/234442995_99906371?qq-pf-to=pcqq.c2c，2023年11月20日。

[86] 谭天：《从渠道争夺到终端制胜，从受众场景到用户场景——传统媒体融合转型的关键》，《新闻记者》2015年第4期。

[87] 汤代禄：《"齐鲁智慧媒体云"支撑媒体深度融合发展》，《中国传媒科技》2021年第3期。

[88] 田科武：《〈北京青年报〉社区传媒的探索与思考》，《教育传媒研究》2018年第3期。

[89] 田科武：《精致阅读:移动互联网条件下的纸媒价值跃升》，《新闻战线》2020年第7期。

[90] 万小广、蒋玉鼐：《一个时政类微信公号如何获得三十万粉丝——对话"团结湖参考"创始人兼主编蔡方华》，《中国记者》2015年第12期。

[91] 王斌：《中国社区报的现实需求与发展潜质》，《新闻战线》2014年第1期。

[92] 王立纲：《媒体实验室为融合发展探路》，《青年记者》2017年第18期。

[93] 王颖：《媒体融合时代地方新闻短视频的内容生产与运营策略——以〈四川观察〉为例》，《出版广角》2021年第6期。

[94] 吴丹丹：《媒体融合下地方主流媒体舆论引导方案分析》，《传播与版权》2019年第5期。

[95] 吴鑫、赵媛媛：《"1+7"战略：北青报转型的多战场布局》，《青年记者》2017年第19期。

[96] 习近平：《在会见全国优秀县委书记时的讲话》，《求是》2015年第17期。

[97] 习近平：《在基层代表座谈会上的讲话》，2020年9月17日，http://www.xinhuanet.com/politics/leaders/2020-09/19/c_1126514697.htm，2023年11月20日。

[98] 夏雨禾：《"智媒化"语境中的新闻传播——对智能技术与新闻传播关系的思考》，《编辑之友》2019年第5期。

[99] 新华社：《习近平出席全国网络安全和信息化工作会议并发表重要讲话》，2018年4月21日，http://www.gov.cn/xinwen/2018-04/21/content_5284783.htm，2023年11月20日。

[100] 新华社：《中共中央办公厅　国务院办公厅印发〈关于加快推进媒体深度融合发展的意见〉》，2020年9月26日，http://www.gov.cn/zhengce/2020-09/26/content_5547310.htm，2023年11月20日。

[101] 《"新京报小屋"亮相服贸会，沉浸式体验邀观众过把"记者瘾"》，2020年9月4日，http://www.bjnews.com.cn/news/2020/09/04/765608.html，2023年11月20日。

[102] 《新京报编辑部谈报纸改版：报纸是一个与App不同的独立产品》，2019年6月4日，https://baijiahao.baidu.com/s?id=1635404611701158012&wfr=spider&for=pc，2023年11月20日。

[103] 新京报传媒研究：《新京报〈武汉！武汉！〉入选2020中国新媒体战"疫"十大精品案例》，2020年11月20日，https://baijiahao.baidu.com/s?id=1683790715885385601&wfr=spider&for=pc，2023年11月20日。

[104] 徐世甫：《新时代网络舆论引导缺场生成的意识形态安全问题》，《毛泽东邓小平理论研究》2018年第11期。

[105] 杨保军、涂凌波：《新时期中国新闻系统的结构变迁解析》，《兰州大学学报（社会科学版）》2014年第1期。

[106] 喻国明、弋利佳、梁霄：《破解"渠道失灵"的传媒困局："关系法则"详解——兼论传统媒体转型的路径与关键》，《现代传播（中国传媒大学学报）》2015年第11期。

[107] 喻国明：《打造新型主流媒体价值范式与影响力的关键——以北京广播电视总台线上直播平台"北京时间"G20杭州峰会报道为例》，《新闻与写作》2016年第10期。

[108] 喻国明：《影响力经济——对传媒产业本质的一种诠释》，《现代传播》2003年第1期。

[109] 喻国明：《有的放矢：论未来媒体的核心价值逻辑——以内容服务为"本"，以关系构建为"矢"，以社会的媒介化为"的"》，《新闻界》2021年第4期。

[110] 张博：《优质内容建设始终是媒体发展根本》，《中国新闻出版广电报》2023年10月17日。

[111] 张晶、王晓飞：《欢迎共青团北京市委、石景山区委政法委、郑州日报等单位入驻北京号》，2023年3月30日，https://baijiahao.baidu.com/s?id=1761755552218015946&wfr=spider&for=pc，2023年11月20日。

[112] 张天培：《关于"中央厨房"，这四个误解不能有》，2017年9月15日，http://media.people.com.cn/n1/2017/0915/c404465-29538955.html，2023年11月20日。

[113] 张小强、郭然浩：《媒介传播从受众到用户模式的转变与媒体融合》，《科技与出版》2015年第7期。

[114] 张艳：《媒体融合下广播+视频主持人如何面对新挑战》，《新媒体研究》2017年第24期。

[115] 张志安、姚尧：《都市报融合转型的三种路径及其影响研究》，《新闻与写作》2019年第10期。

[116] 赵乐群：《新媒体环境下〈新京报〉的媒体融合之路》，《新闻研究导刊》2020年第11期。

[117] 赵淑萍、崔林、吴炜华：《构建媒体深度融合发展新格局》，2020年12月22日，https://epaper.gmw.cn/gmrb/html/2020-12/22/nw.D110000gmrb_20201222_2-06.htm，2023年11月20日。

[118] 郑雯、张涛甫：《媒体融合改革中的"腰部塌陷"问题》，《青年记者》2019年第25期。

[119] 中国传媒大学党报党刊研究中心课题组：《我国省级党报融合发展整体布局及盈利模式研究》，《现代传播（中国传媒大学学报）》2018年第12期。

[120] 中国互联网络信息中心：第46次《中国互联网络发展状况统计报告》，2020年9月29日，http://www.gov.cn/xinwen/2020-09/29/content_5548175.htm，2023年11月20日。

[121] 中国互联网络信息中心：第47次《中国互联网络发展状况统计报告》，2021年2月3日，https://zndsssp.dangbei.net/2021/20210203.pdf，2023年11月20日。

[122] 中国互联网络信息中心：第52次《中国互联网络发展状况统计报告》，2023年8月28日，https://www.cnnic.net.cn/n4/2023/0828/c88-10829.html，2023年11月20日。

[123] 中国记协网：《战"疫"第一考，县级融媒打几分》，2020年3月10日，http://www.zgjx.cn/2020-03/10/c_138863700.htm，2023年11月20日。

[124] 中国记协网：《长安街知事》，2020年10月14日，http://www.zgjx.cn/2020-10/14/c_139438865.htm，2023年11月20日。

[125] 中国新闻出版广电报：《北京大兴融媒体中心打通"最后一公里"带来上亿关注量》，2020年3月25日，http://media.people.com.cn/n1/2020/0325/c40606-31646767.html，2023年11月20日。

[126] 周瑞：《视频化转向：媒体融合背景下〈新京报〉的转型研究》，硕士学位论文，中央民族大学，2019年。

[127] 周蔚华、彭莹：《2018年北京出版媒体融合发展报告》，《中国出版》2019年第18期。

[128] 朱冬松：《北京青年报重大主题报道的融媒实践》，《中国记者》2020年第9期。

[129] 朱涛：《重大突发事件与媒体正确舆论导向——以新冠肺炎公共卫生事件为例》，《中国报业》2021年第9期。

后　记

　　媒体融合可能是过去十年来我国传媒行业和传媒学界最关注的热门话题。随着实践的推进和认识的加深，媒体融合的内涵和理念也在发生与时俱进的变化。时至今日，媒体融合已经不仅是指媒体单位内部多种传播形式和产品样态的融合，而是包含了多层级多面向的生态型转型，这就包括从产品到组织的创新、从理念到流程的再造、从媒体机构内部整合到多家媒体之间合作、从专业化媒体改革到其与商业平台等新兴行动者的竞合、从传媒业的行业变革到传媒与政务、商务、服务等社会部门的互动共振。媒体深度融合实现了更广泛更深刻的传播资源重组和传播关系重构。从这个意义上说，媒体融合与中国式现代化进程密不可分，是一项在数字化、智能化的新技术背景下影响全社会的基础性事业。因此，对于媒体融合的理解和实践以及评价和优化，都需要拓宽视域，在媒体机构本身的考虑尺度之外，从国家、城市、政府、社会组织、个人等多方位进行考量。

　　本书正是从上述实际态势出发，立足于对媒体融合进行更具情境性和整体性的考察。我们试图以区域媒体生态系统为研究对象，包括其中的媒体机构、传播内容、用户、政府、技术等要素，分析首都地区媒体深度融合的代表案例并厘清其创新行为和融合机制，探求媒体深度融合与地方社会治理的关联并梳理其协同发展脉络，呈现区域媒体生态系统和社会系统之间的互动。学界已经对媒体融合的基本原理和宏观趋势做了较为充分的探讨，本书希望能"降维"这一研究主题，为媒体深度融合助力社会治理现代化提供系统性个案。采取这种研究路径出于两方面考虑，一是北京作为社会治理的首善之区和媒体富集型城市，具有很好的典型性，二是本人长期学习工作生活在北京，具有多维度的在地链接，作为居民我每天关注特大型城市的各种信息，作为研究者我参与过《北京青年报》《京华时报》和北京电视台等本地媒体的市场调查分析和发展战略咨询。

近年来，信息技术革新突飞猛进，新媒体深入应用社会各层面，数字化和智能化重构了北京市民的生活环境，重构了北京媒体的业态生态，也重构了社会治理模式。从区域媒体生态来研究媒体融合，涉及的层面和主体较为多样，彼此之间的影响机制也更为复杂，其中的一些实际情况我们还未充分了解，有些原委道理我们还没思考清楚，目前能做的是记录对于北京媒体融合的某种观察和思考。面对日新月异的特大城市发展及其媒体生态演进，这项落地于特定城市的情境化的研究难免有滞后和粗略的缺憾，其中的不足之处恳请方家批评指正。

本书的研究和撰写工作经历了整个"新冠"疫情，几经中断和重启，有些资料不得不重新收集，分析框架和思路也在不断调整。课题主要成员田自豪、张雪、李曜宇全程参与了该项研究，田自豪还协助了统稿阶段的工作。林伊乔、莫铭湘、马菲、王莹、叶帆、吴洪祎参与了部分章节的资料收集与分析。即使在防疫艰苦的时候，课题小组也在坚持研讨，明新508会议室见证了我们的努力。

这项工作得到了诸多学界专家和媒体朋友的热情支持。课题组参阅了大量文献资料，从事媒体融合实践与研究的先行者们为我们提供了良好的研究基础。感谢中国人民大学新闻与社会发展研究中心主任、新闻学院蔡雯教授对本选题的肯定和鼓励。中国人民大学新闻学院学科办主任张怡老师和人民日报出版社第二编辑中心副主任梁雪云女士协调处理了本书的出版立项事务，责任编辑葛倩女士为书稿内容的完善提供了细致而专业的意见，在此一并致谢。本人为教育部重点研究基地中国人民大学新闻与社会发展研究中心专职研究员，本书为该基地的科研成果。

王斌

2023年12月于明德新闻楼